KONSERVERING OCH KONSERVERING 2022

100 RECEPT I DENNA KOKBOK, HUR MAN KAN OCH KONSERVERAR MAT: KÖTT, GRÖNSAKER OCH FRUKT.

PAULA EK

Alla rättigheter förbehållna.

varning

Informationen i den här e-boken är avsedd att fungera som en omfattande samling av strategier som författaren till denna e-bok har forskat om. Sammanfattningar, strategier, tips och tricks är endast rekommendationer av författaren, och att läsa denna e-bok garanterar inte att ens resultat exakt speglar författarens resultat. Författaren till e-boken har gjort alla rimliga ansträngningar för att tillhandahålla aktuell och korrekt information till e-bokens läsare. Författaren och dess medarbetare kommer inte att hållas ansvariga för eventuella oavsiktliga fel eller utelämnanden som kan hittas. Materialet i e-boken kan innehålla information från tredje part. Tredjepartsmaterial består av åsikter som uttrycks av deras ägare. Som sådan tar e-bokens författare inget ansvar eller ansvar för material eller åsikter från tredje part.

E-boken är copyright © 2021 med alla rättigheter förbehållna. Det är olagligt att omdistribuera, kopiera eller skapa härledda verk från denna e-bok helt eller delvis. Inga delar av denna rapport får reproduceras eller återsändas i någon form av reproducering eller återsändning i någon form utan skriftligt uttryckt och undertecknat tillstånd från författaren.

INNEHÅLLSFÖRTECKNING

INNEHÅLLSFÖRTECKNING..**5**
INTRODUKTION...**9**
FRUKT & FRUKTPRODUKTER..**11**
    1. ÄPPELMOS..12
    2. KRYDDADE ÄPPELRINGAR..15
    3. KRYDDADE KRABBA ÄPPLEN..18
    4. CANTALOUPE PICKLES...21
    5. TRANBÄRS-APELSINCHUTNEY..25
    6. MANGO CHUTNEY..28
    7. MANGOSÅS...31
    8. BLANDAD FRUKTCOCKTAIL..34
    9. ZUCCHINI-ANANAS...37
    10. KRYDDIG TRANBÄRSSALSA..39
    11. MANGO SALSA...42
    12. PERSIKA ÄPPLESALSA..45

FYLLNINGAR..**49**
    13. FYLLNING AV KÖTTFÄRSPAJ...50
    14. GRÖN TOMATPAJ FYLLNING..53

TOMATER & TOMATPRODUKTER...**56**
    15. SPAGHETTISÅS UTAN KÖTT...57
    16. SPAGHETTISÅS MED KÖTT..60
    17. MEXIKANSK TOMATSÅS..63
    18. STARK SÅS..66
    19. CAYENNEPEPPARSÅS..69
    20. TOMAT KETCHUP...72
    21. COUNTRY WESTERN KETCHUP...75

22. Blenderketchup 78
23. Varm tomat-pepparsås 82
24. Chilesalsa 85
25. Tomatillo grön salsa 88
26. Tomatpasta salsa 91
27. Tomatsalsa 94
28. Tomat/grön chilesalsa 97
29. Tomat tacosås 100
30. Chile con carne 103

GRÖNSAKER & GRÖNTSAKERSKA PRODUKTER 106

31. Blandade grönsaker 107
32. Succotash 110

JÄSTA OCH PILADE GRÖNSAKER 113

33. Dill pickles 114
34. Surkål 118
35. Bröd-och-smör pickles 122
36. Färskpackade dillgurka 125
37. Söta gurkagurka 128
38. 14-dagars söta pickles 132
39. Snabba söta pickles 135
40. Inlagd sparris 138
41. Inlagda dillerade bönor 141
42. Inlagd trebönssallad 144
43. Inlagda rödbetor 148
44. Inlagda morötter 151
45. Inlagd blomkål/bryssel 154
46. Chayote och jicamaslaw 157
47. Bröd-och-smör inlagd jicama 160
48. Marinerade hela svampar 163
49. Inlagd dilled okra 166
50. Inlagd pärllök 169
51. Marinerad paprika 172

52. Inlagd paprika......176
53. Inlagd het paprika......179
54. Inlagda ringar av jalapeñopeppar......183
55. Inlagda gulpepparringar......187
56. Inlagda söta gröna tomater......190
57. Inlagda blandade grönsaker......193
58. Inlagd bröd-och-smör zucchini......196
59. Chayote och päron njutning......199
60. Piccalilli......202
61. Pickle njutning......205
62. Inlagd majsrelish......208
63. Inlagd grön tomatrelish......211
64. Inlagd pepparrotssås......214
65. Inlagd peppar-lök relish......217
66. Kryddig jicama relish......220
67. Tangy tomatillo relish......224
68. Inga sockertillsatta inlagda rödbetor......227
69. Söt inlagd gurka......230
70. Slugade dillgurka......233
71. Skivad söt pickles......236

SYLT OCH GEEL......239

72. Äppelsylt......240
73. Jordgubbs-rabarbergelé......243
74. Blåbärs-kryddsylt......246
75. Druv-plommongelé......249
76. Gyllene peppargelé......252
77. Persika-ananas pålägg......255
78. Kylt äppelpålägg......258
79. Kylskåp druvpålägg......261
80. Äppelgelé utan tillsatt pektin......263
81. Äppelmarmelad utan tillsatt pektin......266
82. Blackberry Jelly utan tillsatt pektin......269
83. Körsbärsgelé med pektinpulver......272

84. Körsbärssylt med pektinpulver..............................275
85. Fikonsylt med flytande pektin..............................278
86. Druvgelé med pektinpulver..................................281
87. Mint-ananassylt med flytande pektin.....................284
88. Blandad fruktgelé med flytande pektin..................287
89. Apelsingelé..290
90. Kryddad apelsingelé..292
91. Apelsinmarmelad..295
92. Aprikos-apelsinkonserver....................................298
93. Persikosylt med pektinpulver..............................301
94. Kryddad blåbär-persikasylt................................304
95. Persika-apelsinmarmelad....................................307
96. Ananassylt med flytande pektin...........................310
97. Plommongelé med flytande pektin.......................313
98. Quince Jelly utan tillsatt pektin..........................316
99. Jordgubbssylt med pektinpulver..........................319
100. Tutti-Frutti Jam..322

SLUTSATS...**325**

INTRODUKTION

Hemkonservering har förändrats mycket under de 180 åren sedan det introducerades som ett sätt att konservera mat. Forskare har hittat sätt att producera säkrare produkter av högre kvalitet. Den första delen av denna publikation förklarar de vetenskapliga principer som konserveringstekniker bygger på, diskuterar konservutrustning och beskriver korrekt användning av burkar och lock. Den beskriver grundläggande konserveringsingredienser och procedurer och hur man använder dem för att uppnå säkra konserverade produkter av hög kvalitet. Slutligen hjälper det dig att bestämma om och hur mycket du ska kunna.

Den andra delen av denna publikation är en serie konserveringsguider för specifika livsmedel. Dessa guider ger detaljerade anvisningar för att göra sockersirap; och för konservering av frukter och fruktprodukter, tomater och tomatprodukter, grönsaker, rött kött, fågel, skaldjur och pickles och läckerheter. Praktiska riktlinjer för att välja rätt kvantiteter och kvalitet på råa livsmedel följer med varje uppsättning anvisningar för frukt, tomater och grönsaker. De flesta recept är utformade för att ge en full burkladdning av pints eller quarts. Slutligen ges bearbetningsjusteringar för höjder över havet för varje livsmedel.

FRUKT & FRUKTPRODUKTER

1. äppelmos

Ingredienser:

- 8 kg äpplen
- 2 koppar cider
- 2 koppar vinäger
- 2-1/4 koppar vitt socker
- 2-1/4 koppar packat farinsocker
- 2 msk mald kanel
- 1 msk mald kryddnejlika

Utbyte: Cirka 8 till 9 pints

Vägbeskrivning:

a) Tvätta, ta bort stjälkar, kvarts och kärnfrukter. Koka långsamt i cider och vinäger tills det är mjukt. Pressa frukt genom ett durkslag, matkvarn eller sil. Koka fruktkött med socker och kryddor, rör om ofta.

b) För att testa om den är klar, ta bort en sked och håll den borta från ånga i 2 minuter. Det är gjort om smöret ligger kvar på skeden. Ett annat sätt att avgöra när smöret är tillräckligt kokt är att ösa upp en liten mängd på en tallrik. När en kant av vätska inte separerar runt kanten på smöret är det klart för konservering. Fyll varmt i sterila halv-pint- eller pintburkar, lämna 1/4-tums huvudutrymme.

c) Torka av kanterna på burkar med en fuktad ren pappershandduk. Justera locken och bearbeta.

2. Kryddade äppelringar

Ingredienser:

- 12 lbs fasta syrliga äpplen (maximal diameter, 2-1/2 tum)
- 12 koppar socker
- 6 dl vatten
- 1-1/4 koppar vit vinäger (5%)
- 3 msk hela kryddnejlika
- 3/4 kopp glödheta kanelgodis eller
- 8 kanelstänger och
- 1 tsk röd matfärg (valfritt)

Utbyte: Cirka 8 till 9 pints

Vägbeskrivning:

a) Tvätta äpplen. För att förhindra missfärgning, skala och skiva ett äpple i taget. Skär omedelbart på tvären i 1/2-tums skivor, ta bort kärnområdet med en melonballer och sänk ned i askorbinsyralösning.

b) För att göra smaksatt sirap, kombinera socker, vatten, vinäger, kryddnejlika, kanelgodis eller kanelstänger och matfärg i en 6-qt kastrull. Rör om, värm till att koka och låt sjuda i 3 minuter.

c) Häll av äpplena, lägg till den heta sirapen och koka i 5 minuter. Fyll varma burkar (helst bred mun) med äppelringar och het smaksatt sirap, lämna 1/2-tums headspace.

d) Ta bort luftbubblor och justera utrymmet vid behov. Torka av kanterna på burkar med en fuktad ren pappershandduk.

e) Justera locken och bearbeta.

3. Kryddade krabba äpplen

Ingredienser:

- 5 lbs krabba äpplen
- 4-1/2 dl äppelcidervinäger (5%)
- 3-3/4 dl vatten
- 7-1/2 dl socker
- 4 tsk hela kryddnejlika
- 4 kanelstänger
- Sex 1/2-tums kuber av färsk ingefära rot

Utbyte: Cirka 9 pints

Vägbeskrivning:

a) Ta bort blombladen och tvätta äpplena, men låt stjälkarna sitta kvar. Punktera skalet på varje äpple fyra gånger med en ispinne eller tandpetare. Blanda vinäger, vatten och socker och låt koka upp.

b) Tillsätt kryddor bundna i en kryddpåse eller ostduk. Använd en blancherkorg eller sil och sänk ner 1/3 av äpplena åt gången i den kokande vinäger/sirapslösningen i 2 minuter. Lägg kokta äpplen och kryddpåse i en ren 1- eller 2-liters kruka och tillsätt varm sirap.

c) Täck över och låt stå över natten. Ta bort kryddpåsen, häll av sirapen i en stor kastrull och värm upp till kokning. Fyll varma pintburkar med äpplen och varm sirap, lämna 1/2-tums huvudutrymme. Ta bort luftbubblor och justera utrymmet vid behov.

d) Torka av kanterna på burkar med en fuktad ren pappershandduk. Justera locken och bearbeta.

4. Cantaloupe pickles

Ingredienser:

- 5 lbs 1-tums cantaloupe kuber
- 1 tsk krossade rödpepparflingor
- 2 en-tums kanelstänger
- 2 tsk malda kryddnejlika
- 1 tsk mald ingefära
- 4-1/2 koppar cidervinäger (5%)
- 2 koppar vatten
- 1-1/2 dl vitt socker
- 1-1/2 koppar packat ljust farinsocker

Utbyte: Cirka 4 pint burkar

Vägbeskrivning:

Dag ett:

a) Tvätta cantaloupe och skär i halvor; ta bort frön. Skär i 1 tums skivor och skala. Skär remsor av kött i 1 tums kuber.

b) Väg upp 5 pund bitar och lägg i en stor glasskål. Lägg röda paprikaflingor, kanelstänger, kryddnejlika och ingefära i en kryddpåse och knyt ändarna ordentligt.

c) Kombinera vinäger och vatten i en 4-liters lagerkruka. Koka upp och stäng sedan av värmen. Tillsätt kryddpåse i vinäger-vattenblandningen och låt dra i 5 minuter, rör om då och då. Häll varm vinägerlösning och kryddpåse över melonbitar i skålen. Täck med ett livsmedelsklassat plastlock eller linda och låt stå över natten i kylen (ca 18 timmar).

Andra dagen:

d) Häll försiktigt av vinägerlösning i en stor 8- till 10-liters kastrull och låt koka upp. Tillsätt socker; rör om för att lösas upp. Tillsätt cantaloupe och låt koka upp igen. Sänk värmen och låt sjuda tills cantaloupebitarna blir genomskinliga (cirka 1 till 1-1/4 timme). Ta ut cantaloupebitarna i en medelstor lagerkruka, täck över och ställ åt sidan.

e) Koka upp återstående vätska och koka ytterligare 5 minuter. Häll tillbaka cantaloupen till den flytande sirapen och låt koka upp igen. Fyll varma cantaloupebitar i varma pintburkar med en hålslev och lämna 1-tums huvudutrymme. Täck med kokande het sirap, lämna 1/2-tums headspace.

f) Ta bort luftbubblor och justera utrymmet vid behov. Torka av kanterna på burkar med en fuktad ren pappershandduk. Justera locken och bearbeta.

5. Tranbärs-apelsinchutney

Ingredienser:

- 24 uns färska hela tranbär
- 2 dl hackad vitlök
- 2 dl gyllene russin
- 1-1/2 dl vitt socker
- 1-1/2 koppar packat farinsocker
- 2 koppar vit destillerad vinäger (5%)
- 1 kopp apelsinjuice
- 4 tsk skalad, riven färsk ingefära
- 3 kanelstänger

Utbyte: Cirka 8 halvlitersburkar

Vägbeskrivning:

a) Skölj tranbären väl. Kombinera alla ingredienser i en stor holländsk ugn. Koka upp på hög värme; sänk värmen och låt sjuda försiktigt i 15 minuter eller tills tranbären är mjuka. Rör om ofta för att förhindra sveda.

b) Ta bort kanelstänger och kassera. Fyll den varma chutneyn i varma halvlitersburkar, lämna 1/2-tums huvudutrymme.

c) Ta bort luftbubblor och justera utrymmet vid behov. Torka av kanterna på burkar med en fuktad ren pappershandduk. Justera locken och bearbeta.

6. Mango chutney

Ingredienser:

- 11 koppar eller 4 lbs hackad omogen mango
- 2-1/2 dl hackad gul lök
- 2-1/2 matskedar riven färsk ingefära
- 1-1/2 msk hackad färsk vitlök
- 4-1/2 dl socker
- 3 koppar vit destillerad vinäger (5%)
- 2-1/2 dl gyllene russin
- 1-1 tsk konservsalt
- 4 tsk chilipulver

Utbyte: Cirka 6 pint burkar

Vägbeskrivning:

a) Tvätta alla produkter väl. Skala, kärna ur och skär mangon i 3/4-tums tärningar. Hacka mangotärningar i matberedare, använd 6 pulser på en sekund per matberedarsats. (Röra eller hacka inte för fint.)

b) Skala och tärna lök för hand, hacka vitlök och riv ingefära. Blanda socker och vinäger i en 8- till 10-liters lagerkruka. Koka upp och koka i 5 minuter. Tillsätt alla övriga ingredienser och låt koka upp igen.

c) Sänk värmen och låt sjuda i 25 minuter, rör om då och då. Fyll varm chutney i varma pint- eller halvlitersburkar, lämna 1/2-tums huvudutrymme. Ta bort luftbubblor och justera utrymmet vid behov.

d) Torka av kanterna på burkar med en fuktad ren pappershandduk. Justera locken och bearbeta.

7. Mangosås

Ingredienser:

- 5-1/2 koppar eller 3-1/4 lbs mangopuré
- 6 matskedar honung
- 4 matskedar citronsaft på flaska
- 3/4 kopp socker
- 2-1/2 teskedar (7500 milligram) askorbinsyra
- 1/8 tsk mald kanel
- 1/8 tsk mald muskotnöt

Utbyte: Cirka 6 halvlitersburkar

Vägbeskrivning:

a) Tvätta, skala och separera mangokött från frö. Hacka mangoköttet i bitar och puré i mixer eller matberedare tills det är slätt.

b) Kombinera alla ingredienser i en 6- till 8- quart holländsk ugn eller lagergryta och värm på medelhög värme, under kontinuerlig omrörning, tills blandningen når 200°F.

c) Blandningen spricker när den värms upp, så se till att bära handskar eller ugnsvantar för att undvika brännande hud. Fyll varm sås i varma halvlitersburkar, lämna 1/4-tums huvudutrymme.

d) Ta bort luftbubblor och justera utrymmet vid behov. Torka av kanterna på burkar med en fuktad ren pappershandduk. Justera locken och bearbeta.

8. Blandad fruktcocktail

Ingredienser:

- 3 lbs persikor
- 3 kg päron
- 1-1/2 lbs något undermogen grön druva utan kärnor
- 10-oz burk maraschino körsbär
- 3 koppar socker
- 4 koppar vatten

Utbyte: Cirka 6 pints

Vägbeskrivning:

a) Stam och tvätta druvorna och förvara dem i askorbinsyralösning.

b) Doppa mogna men fasta persikor, några åt gången, i kokande vatten i 1 till 1-1/2 minut för att lossa skalet.

c) Doppa i kallt vatten och ta bort skinnet. Skär i hälften, ta bort gropar, skär i

1/2-tums kuber och håll i lösning med vindruvor. Skala, halvera och kärna ur päronen.

d) Skär i 1/2-tums kuber och förvara i lösning med vindruvor och persikor.

e) Blanda socker och vatten i en kastrull och låt koka upp. Häll av blandad frukt. Tillsätt 1/2 kopp varm sirap till varje het burk.

f) Tillsätt sedan några körsbär och fyll försiktigt burken med blandad frukt och mer het sirap, lämna 1/2-tums huvudutrymme.

g) Ta bort luftbubblor och justera utrymmet vid behov. Torka av kanterna på burkar med en fuktad ren pappershandduk.

h) Justera locken och bearbeta.

9. Zucchini-ananas

Ingredienser:

- 4 liter tärnad eller strimlad zucchini
- 46 oz konserverad osötad ananasjuice
- 1-1/2 dl citronsaft på flaska
- 3 koppar socker

Utbyte: Cirka 8 till 9 pints

Vägbeskrivning:

a) Skala zucchinin och antingen skär i 1/2-tums kuber eller strimla. Blanda zucchini med övriga ingredienser i en stor kastrull och låt koka upp. Sjud 20 minuter.

b) Fyll varma burkar med het blandning och matlagningsvätska, lämna 1/2-tums huvudutrymme. Ta bort luftbubblor och justera huvudutrymmet om det behövs. Torka av kanterna på burkar med en fuktad ren pappershandduk. Justera locken och bearbeta.

10. Kryddig tranbärssalsa

Ingredienser:

- 6 dl hackad rödlök
- 4 hackade stora Serrano-peppar
- 1-1/2 dl vatten
- 1-1/2 koppar cidervinäger (5%)
- 1 msk konservsalt
- 1-1/3 dl socker
- 6 matskedar klöverhonung
- 12 koppar (2-3/4 lbs) sköljda, färska hela tranbär

Utbyte: Cirka 6 pint burkar

Vägbeskrivning:

a) Kombinera alla ingredienser utom tranbär i en stor holländsk ugn. Koka upp på hög värme; sänk värmen något och koka försiktigt i 5 minuter.

b) Tillsätt tranbär, sänk värmen något och låt blandningen sjuda i 20 minuter, rör om då och då för att förhindra att den bränns. Fyll den varma blandningen i varma pintburkar, lämna 1/4-tums huvudutrymme. Låt kastrullen stå på låg värme medan du fyller burkar.

c) Ta bort luftbubblor och justera utrymmet vid behov. Torka av kanterna på burkar med en fuktad ren pappershandduk. Justera locken och bearbeta.

11. Mango salsa

Ingredienser:

- 6 koppar omogen mango i tärningar
- 1-1/2 dl tärnad röd paprika
- 1/2 kopp hackad gul lök
- 1/2 tsk krossade rödpepparflingor
- 2 tsk hackad vitlök
- 2 tsk hackad ingefära
- 1 kopp ljust farinsocker
- 1-1/4 koppar cidervinäger (5%)
- 1/2 kopp vatten

Utbyte: Cirka 6 halvlitersburkar

Vägbeskrivning:

a) Tvätta alla produkter väl. Skala och skär mangon i 1/2-tums kuber. Tärna paprika i 1/2-tums bitar. Hacka gul lök.

b) Kombinera alla ingredienser i en 8-quart holländsk ugn eller buljong. Koka upp på hög värme, rör om för att lösa upp sockret.

c) Sänk till sjudande och låt sjuda i 5 minuter. Fyll varma fasta ämnen i varma halvlitersburkar, lämna 1/2-tums huvudutrymme. Täck med varm vätska, lämna 1/2-tums huvudutrymme.

d) Ta bort luftbubblor och justera utrymmet vid behov. Torka av kanterna på burkar med en fuktad ren pappershandduk. Justera locken och bearbeta.

12. Persika äpplesalsa

Ingredienser:

- 6 dl hackade romska tomater
- 2-1/2 dl tärnad gul lök
- 2 dl hackad grön paprika
- 10 koppar hackade hårda, omogna persikor
- 2 koppar hackade Granny Smith-äpplen
- 4 msk blandad inläggningskrydda
- 1 msk konservsalt
- 2 tsk krossade rödpepparflingor
- 3-3/4 koppar (1-1/4 pund) packat ljust farinsocker
- 2-1/4 koppar cidervinäger (5%)

Utbyte: Cirka 7 pint burkar

Vägbeskrivning:

a) Lägg pickling krydda på en ren, dubbla lager, 6-tums kvadratisk bit av 100% ostduk. För ihop hörnen och knyt med ett rent snöre. (Eller använd en köpt muslinkryddpåse).

b) Tvätta och skala tomaterna (lägg tvättade tomater i kokande vatten i 1 minut, lägg omedelbart i kallt vatten och dra av skalet).

c) Hacka i 1/2-tums bitar. Skala, tvätta och tärna löken i 1/4-tums bitar. Tvätta, kärna ur och frö paprika; skär i 1/4-tums bitar.

d) Kombinera hackade tomater, lök och paprika i en 8- eller 10-liters holländsk ugn eller kastrull. Tvätta, skala och kärna ur persikor; skär i halvor och blötlägg i 10 minuter i en askorbinsyralösning (1500 mg i en halv liter vatten).

e) Tvätta, skala och kärna ur äpplen; skär i halvor och blötlägg i 10 minuter i askorbinsyralösning.

f) Hacka snabbt persikor och äpplen i 1/2-tums tärningar för att förhindra bryning. Tillsätt hackade persikor och äpplen i kastrullen med grönsakerna. Tillsätt inläggningskryddpåsen i kastrullen; rör ner salt, rödpepparflingor, farinsocker och vinäger.

g) Koka upp, rör försiktigt för att blanda ingredienserna. Sänk värmen och låt sjuda i 30 minuter, rör om då och då. Ta bort kryddpåsen från pannan och kassera. Med en hålslev fyller du salsa i varma pintburkar och lämnar 1-1/4-tums huvudutrymme (cirka 3/4 pund fast material i varje burk).

h) Täck med matlagningsvätska, lämna 1/2-tums huvudutrymme.

i) Ta bort luftbubblor och justera utrymmet vid behov. Torka av kanterna på burkar med en fuktad ren pappershandduk. Justera locken och bearbeta.

FYLLNINGAR

13. Fyllning av köttfärspaj

Ingredienser:

- 2 koppar hackad soett
- 4 lbs köttfärs eller 4 lb malet viltkött och 1 lb korv
- 5 liter hackade äpplen
- 2 kg mörka, kärnfria russin
- 1 lb vita russin
- 2 liter äppelcider
- 2 msk mald kanel
- 2 tsk mald muskotnöt
- 5 koppar socker
- 2 msk salt

Utbyte: Cirka 7 liter

Vägbeskrivning:

a) Koka kött och socker i vatten för att undvika att det blir brynt. Skala, kärna ur och kvarta äpplena. Lägg kött, äpplen och äpplen genom matkvarn med ett medelstort blad.

b) Blanda alla ingredienser i en stor kastrull och låt sjuda i 1 timme eller tills det tjocknat något. Rör om ofta.

c) Fyll varma burkar med blandning utan dröjsmål, lämna 1-tums huvudutrymme.

d) Ta bort luftbubblor och justera utrymmet vid behov. Torka av kanterna på burkar med en fuktad ren pappershandduk.

e) Justera locken och bearbeta.

14. Grön tomatpaj fyllning

Ingredienser:

- 4 liter hackade gröna tomater
- 3 liter skalade och hackade syrliga äpplen
- 1 lb mörka, kärnfria russin
- 1 lb vita russin
- 1/4 kopp malet citron-, citron- eller apelsinskal
- 2 koppar vatten
- 2-1/2 dl farinsocker
- 2-1/2 dl vitt socker
- 1/2 kopp vinäger (5%)
- 1 kopp flaska citronsaft
- 2 msk mald kanel
- 1 tsk mald muskotnöt
- 1 tsk mald kryddnejlika

Utbyte: Cirka 7 liter

Vägbeskrivning:

a) Blanda alla ingredienser i en stor kastrull. Koka långsamt, rör ofta, tills de är mjuka och tjocknat något (cirka 35 till 40 minuter).

b) Fyll varma burkar med het blandning, lämna 1/2-tums huvudutrymme.

c) Ta bort luftbubblor och justera utrymmet vid behov. Torka av kanterna på burkar med en fuktad ren pappershandduk.

d) Justera locken och bearbeta.

TOMATER & TOMATPRODUKTER

15. Spaghettisås utan kött

Ingredienser:

- 30 kg tomater
- 1 kopp hackad lök
- 5 vitlöksklyftor, hackade
- 1 dl hackad selleri eller grön paprika
- 1 lb färska svampar, skivade (valfritt)
- 4-1/2 tsk salt
- 2 matskedar oregano
- 4 msk finhackad persilja
- 2 tsk svartpeppar
- 1/4 kopp farinsocker
- 1/4 kopp vegetabilisk olja

Utbyte: Cirka 9 pints

Vägbeskrivning:

a) Öka inte andelen lök, paprika eller svamp. Tvätta tomaterna och doppa dem i kokande vatten i 30 till 60 sekunder eller tills skalet delas. Doppa i kallt vatten och ta bort skinnet. Ta bort kärnor och kvarts tomater.

b) Koka 20 minuter utan lock i en stor kastrull. Sätt genom matkvarn eller sil. Fräs lök, vitlök, selleri eller paprika och svamp (om så önskas) i vegetabilisk olja tills de är mjuka.

c) Kombinera sauterade grönsaker och tomater och tillsätt resten av kryddorna, salt och socker. Koka upp. Sjud utan lock tills det är tillräckligt tjockt för servering.

d) Vid denna tidpunkt kommer den initiala volymen att ha reducerats med nästan hälften. Rör om ofta för att undvika brännskador. Fyll varma burkar och lämna 1-tums huvudutrymme.

e) Ta bort luftbubblor och justera utrymmet vid behov. Torka av kanterna på burkar med en fuktad ren pappershandduk.

f) Justera locken och bearbeta.

16. Spaghettisås med kött

Ingredienser:

- 30 kg tomater
- 2-1/2 lbs köttfärs eller korv
- 5 vitlöksklyftor, hackade
- 1 kopp hackad lök
- 1 dl hackad selleri eller grön paprika
- 1 lb färska svampar, skivade (valfritt)
- 4-1/2 tsk salt
- 2 matskedar oregano
- 4 msk finhackad persilja
- 2 tsk svartpeppar
- 1/4 kopp farinsocker

Utbyte: Cirka 9 pints

Vägbeskrivning:

a) För att förbereda tomater, följ anvisningarna för Spaghetti Sauce Without Meat.

b) Stek nötkött eller korv tills det är brunt. Tillsätt vitlök, lök, selleri eller grön paprika och svamp, om så önskas. Koka tills grönsakerna är mjuka. Kombinera med tomatkött i stor kastrull.

c) Tillsätt kryddor, salt och socker. Koka upp. Sjud utan lock tills det är tillräckligt tjockt för servering. Vid denna tidpunkt kommer den initiala volymen att ha reducerats med nästan hälften. Rör om ofta för att undvika brännskador.

d) Fyll varma burkar och lämna 1-tums huvudutrymme.

e) Ta bort luftbubblor och justera utrymmet vid behov. Torka av kanterna på burkar med en fuktad ren pappershandduk.

f) Justera locken och bearbeta.

17. Mexikansk tomatsås

Ingredienser:

- 2-1/2 till 3 lbs chilipeppar
- 18 kg tomater
- 3 dl hackad lök
- 1 matsked salt
- 1 matsked oregano
- 1/2 kopp vinäger

Utbyte: Cirka 7 liter

Vägbeskrivning:

a) Tvätta och torka chili. Skär varje paprika längs sidan så att ånga kan komma ut.

b) Lägg paprikan på brännaren i flera minuter tills skalet blir blåsor.

c) Efter blåsbildning i skalet, lägg paprikorna i en kastrull och täck med en fuktig trasa. (Detta kommer att göra det lättare att skala paprikorna.) Kyl i flera minuter; dra av skinn. Kassera frön och hacka paprika.

d) Tvätta tomaterna och doppa dem i kokande vatten i 30 till 60 sekunder eller tills skalet delas. Doppa i kallt vatten, ta bort skalet och ta bort kärnorna.

e) Grovhacka tomater och blanda hackad paprika och resterande ingredienser i en stor kastrull. Koka upp. Omslag.

f) Sänk värmen och låt sjuda i 10 minuter.

18. Stark sås

Ingredienser:

- 1-1/2 koppar fröade, hackade Serrano-peppar
- 4 koppar destillerad vit vinäger (5%)
- 2 tsk konservsalt
- 2 msk hela blandade syltkryddor

Utbyte: Cirka 4 halvpints

Vägbeskrivning:

a) Lägg blandade syltkryddor i en kryddpåse och knyt ändarna ordentligt. Blanda alla ingredienser i en holländsk ugn eller stor kastrull. Koka upp, rör om då och då. Sjud ytterligare 20 minuter tills tomaterna är mjuka. Pressa blandningen genom en matkvarn.

b) Häll tillbaka vätskan i kastrullen, värm till kokning och koka i ytterligare 15 minuter.

c) Fyll varm sås i varma halvlitersburkar, lämna 1/4-tums huvudutrymme. Ta bort luftbubblor och justera huvudutrymmet om det behövs. Torka av kanterna på burkar med en fuktad ren pappershandduk.

d) Justera locken och bearbeta.

19. Cayennepepparsås

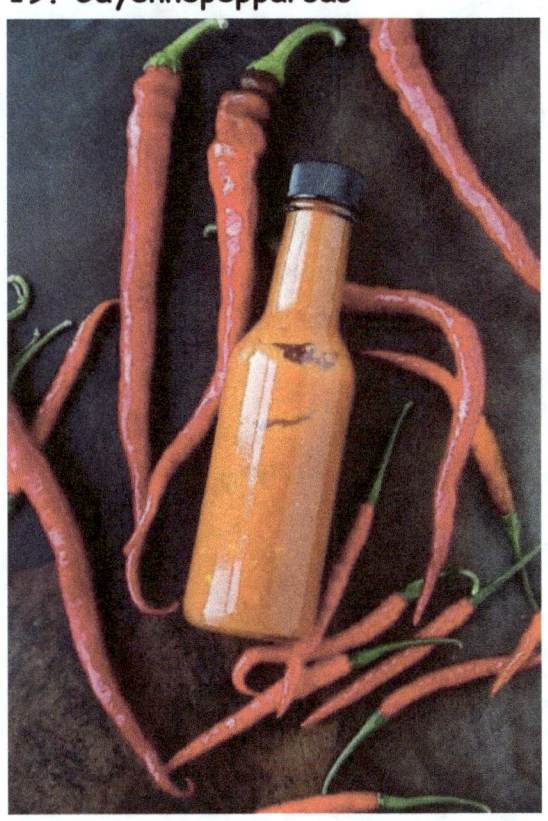

Ingredienser:

- 3 kg het paprika
- 1/3 kopp finhackad vitlök
- 4 koppar skivad lök
- 1/3 kopp skaftad, hackad koriander
- 3 burkar (28 uns vardera) tärnade tomater
- 3 koppar cidervinäger (5%)
- 2-1/2 dl vatten

Utbyte: Cirka 5 pints

Vägbeskrivning:

a) Tvätta, putsa och skiva paprika och lök i ringar med en mandolinskärare eller matberedare. Blanda alla ingredienser i en 10-quart holländsk ugn eller stockpot. Koka upp och koka 1 timme. Sänk värmen något och låt sjuda ytterligare 1 timme. Stäng av värmen och kyl blandningen något.

b) Mos grönsaker i en mixer ca 2 minuter per mixersats. Häll tillbaka den purerade blandningen i kastrullen och låt försiktigt koka upp. Stäng av värmen.

c) Fyll varm sås i varma pintburkar, lämna 1/2-tums huvudutrymme. Ta bort luftbubblor och justera utrymmet vid behov. Torka av kanterna på burkar med en fuktad ren pappershandduk.

d) Justera locken och bearbeta.

20. Tomat ketchup

Ingredienser:

- 24 lbs mogna tomater
- 3 dl hackad lök
- 3/4 teskedar mald röd paprika (cayennepeppar)
- 3 koppar cidervinäger (5%)
- 4 tsk hela kryddnejlika
- 3 kanelstänger, krossade
- 1-1/2 tsk hel kryddpeppar
- 3 msk sellerifrön
- 1-1/2 dl socker
- 1/4 kopp salt

Utbyte: 6 till 7 pints

Vägbeskrivning:

a) Tvätta tomaterna. Doppa i kokande vatten i 30 till 60 sekunder eller tills skinnet delas. Doppa i kallt vatten. Ta bort skalet och ta bort kärnorna. Dela tomaterna i en 4-liters lagerkruka eller en stor vattenkokare. Tillsätt lök och röd paprika. Koka upp och låt sjuda i 20 minuter utan lock. Täck över, stäng av värmen och låt stå i 20 minuter.

b) Kombinera kryddor i en kryddpåse och lägg till vinäger i en 2-liters kastrull.

c) Koka upp. Ta bort kryddpåsen och blanda ihop vinäger och tomatblandning. Koka ca 30 minuter. Häll kokt blandning genom en matkvarn eller sil. Återgå till grytan.

d) Tillsätt socker och salt, koka försiktigt och rör om ofta tills volymen minskat med hälften eller tills blandningen rundas upp på sked utan separation. Fyll varma pintburkar, lämna 1/8-tums huvudutrymme.

e) Ta bort luftbubblor och justera utrymmet vid behov. Torka av kanterna på burkar med en fuktad ren pappershandduk.

f) Justera locken och bearbeta.

21. Country western ketchup

Ingredienser:

- 24 lbs mogna tomater
- 5 chilipeppar, skivade och kärnade
- 1/4 kopp salt
- 2-2/3 koppar vinäger (5%)
- 1-1/4 dl socker
- 1/2 tsk mald röd paprika (cayennepeppar)
- 4 tsk paprika
- 4 tsk hel kryddpeppar
- 4 tsk torr senap
- 1 msk hela pepparkorn
- 1 tsk senapsfrön
- 1 msk lagerblad

Utbyte: 6 till 7 pints

Vägbeskrivning:

a) Följ proceduren och processtiden för vanlig tomatketchup.

22. Blenderketchup

Ingredienser:

- 24 lbs mogna tomater
- 2 kg lök
- 1 lb söt röd paprika
- 1 lb söt grön paprika
- 9 koppar vinäger (5%)
- 9 koppar socker
- 1/4 kopp konserverings- eller inläggningssalt
- 3 msk torr senap
- 1-1/2 msk mald röd paprika
- 1-1/2 tsk hel kryddpeppar
- 1-1/2 matskedar hela kryddnejlika
- 3 kanelstänger

Utbyte: Cirka 9 pints

Vägbeskrivning:

a) Tvätta tomaterna och doppa dem i kokande vatten i 30 till 60 sekunder eller tills skalet delas. Doppa sedan i kallt vatten, ta bort skinn, kärna ur och kvarts. Ta bort frön från paprika och skär i strimlor. Skala och kvarta löken.

b) Mixa tomater, paprika och lök på hög hastighet i 5 sekunder i en elektrisk mixer. Häll i en 3- till 4-liters lagergryta eller stor vattenkokare och värm upp. Koka försiktigt i 60 minuter, rör om ofta. Tillsätt vinäger, socker, salt och en kryddpåse som innehåller torr senap, röd paprika och andra kryddor.

c) Fortsätt koka och rör om tills volymen är halverad och ketchupen rundas upp på en sked utan att vätska och fasta ämnen separeras. Ta bort kryddpåsen och fyll varma burkar, lämna 1/8-tums huvudutrymme.

d) Ta bort luftbubblor och justera utrymmet vid behov. Torka av kanterna på burkar med en fuktad ren pappershandduk.

e) Justera locken och följ processtiderna för vanlig ketchup.

23. Varm tomat-pepparsås

Ingredienser:

- 5 kg tomater
- 2 kg chilipeppar
- 1 lb lök
- 1 kopp vinäger (5%)
- 3 tsk salt
- 1/2 tsk peppar

Utbyte: Cirka 6 till 8 pints

Vägbeskrivning:

a) Tvätta tomaterna och doppa dem i kokande vatten i 30 till 60 sekunder eller tills skalet delas. Doppa i kallt vatten, ta bort skalet och ta bort kärnorna.

b) Grovhacka tomater och kombinera dem med hackad paprika, lök och övriga ingredienser i en stor kastrull. Värm till kokning, minska värmen och låt sjuda i 10 minuter. Fyll varma burkar, lämna 1/2-tums huvudutrymme.

c) Ta bort luftbubblor och justera huvudutrymmet om det behövs. Torka av kanterna på burkar med en fuktad ren pappershandduk.

d) Justera locken och bearbeta.

24. Chilesalsa

Ingredienser:

- 10 koppar skalade, urkärnade, hackade tomater
- 6 dl fröade, hackade chilipeppar
- 4 dl hackad lök
- 1 kopp vinäger (5%)
- 3 tsk salt
- 1/2 tsk peppar

Utbyte: Cirka 7 till 9 pints

Vägbeskrivning:

a) Tvätta tomaterna och doppa dem i kokande vatten i 30 till 60 sekunder eller tills skalet delas.

b) Doppa i kallt vatten, ta bort skalet och ta bort kärnorna. Blanda ingredienserna i en stor kastrull. Koka upp och låt sjuda i 10 minuter. Fyll varm salsa i varma pintburkar, lämna 1/2-tums huvudutrymme.

c) Ta bort luftbubblor och justera utrymmet vid behov. Torka av kanterna på burkar med en fuktad ren pappershandduk.

d) Justera locken och bearbeta.

25. Tomatillo grön salsa

Ingredienser:

- 5 dl hackade tomater
- 1-1/2 koppar fröad, hackad lång grön chili
- 1/2 kopp fröad, hackad jalapeñopeppar
- 4 dl hackad lök
- 1 kopp flaska citronsaft
- 6 vitlöksklyftor, hackade
- 1 matsked mald spiskummin (valfritt)
- 3 msk oreganoblad (valfritt)
- 1 matsked salt
- 1 tsk svartpeppar

Utbyte: Cirka 5 pints

Vägbeskrivning:

a) Blanda alla ingredienser i en stor kastrull och rör om ofta på hög värme tills blandningen börjar koka, sänk sedan värmen och låt sjuda i 20 minuter, rör om då och då.

b) Häll varm salsa i varma pintburkar, lämna 1/2-tums huvudutrymme.

c) Ta bort luftbubblor och justera utrymmet vid behov. Torka av kanterna på burkar med en fuktad ren pappershandduk.

d) Justera locken och bearbeta.

26. Tomatpasta salsa

Ingredienser:

- 7 liter skalade, urkärnade, hackade tomater
- 4 koppar fröad, hackad lång grön chili
- 5 dl hackad lök
- 1/2 kopp fröad, hackad jalapeñopeppar
- 6 vitlöksklyftor, hackade
- 2 dl citron- eller limejuice på flaska
- 2 msk salt
- 1 msk svartpeppar
- 2 msk mald spiskummin (valfritt)
- 3 msk oreganoblad (valfritt)
- 2 matskedar färsk koriander (valfritt)

Utbyte: Cirka 16 till 18 pints

Vägbeskrivning:

a) Tvätta tomaterna och doppa dem i kokande vatten i 30 till 60 sekunder eller tills skalet delas. Doppa i kallt vatten, ta bort skalet och ta bort kärnorna.

b) Blanda alla ingredienser utom spiskummin, oregano och koriander i en stor kastrull och låt koka upp, rör om ofta, sänk sedan värmen och låt sjuda i 10 minuter.

c) Tillsätt kryddor och låt sjuda i ytterligare 20 minuter, rör om då och då. Fyll varm salsa i varma pintburkar, lämna 1/2-tums huvudutrymme.

d) Ta bort luftbubblor och justera utrymmet vid behov. Torka av kanterna på burkar med en fuktad ren pappershandduk.

e) Justera locken och bearbeta.

27. Tomatsalsa

Ingredienser:

- 4 koppar skalade, urkärnade, hackade tomater
- 2 koppar fröad, hackad lång grön chili
- 1/2 kopp fröad, hackad jalapeñopeppar
- 3/4 kopp hackad lök
- 4 vitlöksklyftor, hackade
- 2 koppar vinäger (5%)
- 1 tsk mald spiskummin (valfritt)
- 1 msk oreganoblad (valfritt)
- 1 matsked färsk koriander (valfritt)
- 1-1/2 tsk salt

Utbyte: Cirka 4 pints

Vägbeskrivning:

a) Tvätta tomaterna och doppa dem i kokande vatten i 30 till 60 sekunder eller tills skalet delas. Doppa i kallt vatten, ta bort skalet och ta bort kärnorna.

b) Blanda alla ingredienser i en stor kastrull och låt koka upp, rör om ofta. Sänk värmen och låt sjuda i 20 minuter, rör om då och då.

c) Fyll varm salsa i varma pintburkar, lämna 1/2-tums huvudutrymme.

d) Ta bort luftbubblor och justera utrymmet vid behov. Torka av kanterna på burkar med en fuktad ren pappershandduk.

e) Justera locken och bearbeta.

28. Tomat/grön chilesalsa

Ingredienser:

- 3 koppar skalade, urkärnade, hackade tomater
- 3 koppar fröad, hackad lång grön chili
- 3/4 kopp hackad lök
- 1 jalapeñopeppar, kärnad, hackad
- 6 vitlöksklyftor, hackade
- 1-1/2 koppar vinäger (5%)
- 1/2 tsk mald spiskummin (valfritt)
- 2 tsk oreganoblad (valfritt)
- 1-1/2 tsk salt

Utbyte: Cirka 3 pints

Vägbeskrivning:

a) Tvätta tomaterna och doppa dem i kokande vatten i 30 till 60 sekunder eller tills skalet delas. Doppa i kallt vatten, ta bort skalet och ta bort kärnorna.

b) Blanda alla ingredienser i en stor kastrull och värm upp, rör om ofta, tills blandningen kokar. Sänk värmen och låt sjuda i 20 minuter, rör om då och då.

c) Fyll varm salsa i varma pintburkar, lämna 1/2-tums huvudutrymme.

d) Ta bort luftbubblor och justera huvudutrymmet om det behövs. Torka av kanterna på burkar med en fuktad ren pappershandduk.

e) Justera locken och bearbeta.

29. Tomat tacosås

Ingredienser:

- 8 liter skalade, urkärnade, hackade pastatomater
- 2 vitlöksklyftor, krossade
- 5 dl hackad lök
- 4 jalapeñopeppar, kärnade, hackade
- 4 långa gröna chili, kärnade, hackade
- 2-1/2 dl vinäger
- 2 msk salt
- 1-1/2 msk svartpeppar
- 1 matsked socker
- 2 msk oreganoblad (valfritt)
- 1 tsk mald spiskummin (valfritt)

Utbyte: Cirka 16 till 18 pints

Vägbeskrivning:

a) Blanda ingredienserna i en stor kastrull. Koka upp, sänk sedan värmen och låt sjuda, rör om ofta tills det blir tjockt (cirka 1 timme).

b) Fyll varm sås i varma pintburkar, lämna 1/2-tums huvudutrymme.

c) Ta bort luftbubblor och justera utrymmet vid behov. Torka av kanterna på burkar med en fuktad ren pappershandduk.

d) Justera locken och bearbeta.

30. Chile con carne

Ingredienser:

- 3 dl torkad pinto eller röda kidneybönor
- 5-1/2 dl vatten
- 5 tsk salt (separerat)
- 3 kg nötfärs
- 1-1/2 dl hackad lök
- 1 dl hackad paprika efter eget val
- 1 tsk svartpeppar
- 3 till 6 matskedar chilipulver
- 2 liter krossade eller hela tomater

Utbyte: 9 pints

Vägbeskrivning:

a) Tvätta bönorna noggrant och lägg dem i en 2 qt. kastrull. Tillsätt kallt vatten till en nivå av 2 till 3 tum ovanför bönorna och blötlägg 12 till 18 timmar. Häll av och häll bort vattnet.

b) Kombinera bönor med 5-1/2 koppar färskvatten och 2 tsk salt. Koka upp. Sänk värmen och låt sjuda i 30 minuter. Häll av och häll bort vattnet.

c) Bryn köttfärs, hackad lök och paprika (om så önskas) i en stekpanna. Häll av fett och tillsätt 3 tsk salt, peppar, chilipulver, tomater och avrunna kokta bönor. Sjud i 5 minuter. Varning: Förtjockas inte. Fyll varma burkar, lämna 1-tums huvudutrymme.

d) Ta bort luftbubblor och justera utrymmet vid behov. Torka av kanterna på burkar med en fuktad ren pappershandduk.

e) Justera locken och bearbeta.

GRÖNSAKER & GRÖNTSAKERSKA PRODUKTER

31. Blandade grönsaker

Ingredienser:

- 6 dl skivade morötter
- 6 koppar skuren, hel kärna sockermajs
- 6 koppar skurna gröna bönor
- 6 dl skalade limabönor
- 4 dl hela eller krossade tomater
- 4 koppar tärnad zucchini

Utbyte: 7 liter

Vägbeskrivning:

a) Förutom zucchini, tvätta och förbered grönsaker som beskrivits tidigare för varje grönsak. Tvätta, putsa och skiva eller tärna zucchini; kombinera alla grönsaker i en stor gryta eller vattenkokare och tillsätt tillräckligt med vatten för att täcka bitarna.

b) Tillsätt 1 tsk salt per liter i burken, om så önskas. Koka 5 minuter och illa varma burkar med heta bitar och vätska, lämnar 1-tums huvudutrymme.

c) Ta bort luftbubblor och justera utrymmet vid behov. Torka av kanterna på burkar med en fuktad ren pappershandduk.

d) Justera locken och bearbeta.

32. Succotash

Ingredienser:

- 15 pund oskalad sockermajs
- 14 lbs mogna gröna skida limabönor
- 2 liter krossade eller hela tomater

Utbyte: 7 liter

Vägbeskrivning:

a) Tvätta och förbered färskvaror enligt beskrivningen tidigare för specifika grönsaker.

b) Hot pack – Kombinera alla förberedda grönsaker i en stor vattenkokare med tillräckligt med vatten för att täcka bitarna. Tillsätt 1 tsk salt i varje heta litersburk, om så önskas. Koka succotash försiktigt i 5 minuter och illa varma burkar med bitar och matlagningsvätska, lämna 1-tums huvudutrymme.

c) Råpack—Fyll varma burkar med lika delar av alla beredda grönsaker, lämna 1-tums utrymme. Skaka inte eller tryck ner bitar. Tillsätt 1 tsk salt till varje kvartsburk, om så önskas. Tillsätt färskt kokande vatten, lämna 1-tums headspace.

d) Ta bort luftbubblor och justera utrymmet vid behov. Torka av kanterna på burkar med en fuktad ren pappershandduk.

e) Justera locken och bearbeta.

JÄSTA OCH PILADE GRÖNSAKER

33. Dill pickles

Ingredienser:

- 4 lbs 4-tums inläggningsgurka
- 2 matskedar dillfrö eller 4 till 5 huvuden färsk eller torr dill
- 1/2 kopp salt
- 1/4 kopp vinäger (5%
- 8 koppar vatten och en eller flera av följande ingredienser:
- 2 vitlöksklyftor (valfritt)
- 2 torkade röda paprikor (valfritt)
- 2 tsk hela blandade syltkryddor

Vägbeskrivning:

a) Tvätta gurkor. Skär 1/16-tums skiva av blomkanten och kassera. Lämna 1/4-tum av skaftet fäst. Lägg hälften av dill och kryddor på botten av en ren, lämplig behållare.

b) Tillsätt gurka, resterande dill och kryddor. Lös salt i vinäger och vatten och häll över gurkan.

c) Lägg på lämpligt skydd och vikt. Förvara där temperaturen är mellan 70° och 75°F i cirka 3 till 4 veckor under jäsning. Temperaturer på 55° till 65°F är acceptabla, men jäsningen tar 5 till 6 veckor.

d) Undvik temperaturer över 80°F, annars blir pickles för mjuka under jäsningen. Jäsande pickles härdar långsamt. Kontrollera behållaren flera gånger i veckan och ta genast bort ytavskum eller mögel. Varning: Om pickles blir mjuka, slemmiga eller utvecklar en obehaglig lukt, kassera dem.

e) Heljästa pickles kan förvaras i originalbehållaren i cirka 4 till 6 månader, förutsatt att de är kylda och ytavskum och mögel tas bort regelbundet. Att konservera heljästa pickles är ett bättre sätt att lagra dem. För att kunna dem, häll saltlaken i en kastrull, värm långsamt till en kokning och låt sjuda i 5 minuter. Filtrera saltlake genom papperskaffefilter för att minska grumlighet, om så önskas.

f) Fyll varm burk med pickles och het saltlake, lämna 1/2-tums huvudutrymme.

g) Ta bort luftbubblor och justera utrymmet vid behov. Torka av kanterna på burkar med en fuktad ren pappershandduk.

h) Justera locken och bearbeta.

34. Surkål

Ingredienser:

- 25 kg kål
- 3/4 kopp konserverings- eller inläggningssalt

Utbyte: Cirka 9 liter

Vägbeskrivning:

a) Arbeta med cirka 5 pund kål åt gången. Kasta de yttre bladen. Skölj huvudena under kallt rinnande vatten och låt rinna av. Skär huvudena i fjärdedelar och ta bort kärnor. Strimla eller skiva till en tjocklek av en fjärdedel.

b) Lägg kål i en lämplig jäsningsbehållare och tillsätt 3 matskedar salt. Blanda noggrant med rena händer. Packa ordentligt tills salt drar saft från kål.

c) Upprepa rivning, saltning och packning tills all kål är i behållaren. Se till att den är tillräckligt djup så att kanten är minst 4 eller 5 tum ovanför kålen. Om juice inte täcker kål, tillsätt kokt och kyld saltlake (1-1/2 matsked salt per liter vatten).

d) Lägg till tallrik och vikter; täck behållaren med en ren badhandduk. Förvara vid 70° till 75°F under jäsning. Vid temperaturer mellan 70° och 75°F kommer kraut att vara helt jäst på cirka 3 till 4 veckor; vid 60° till 65°F kan fermenteringen ta 5 till 6 veckor. Vid temperaturer lägre än 60°F får kraut inte jäsa. Över 75°F kan kraut bli mjuk.

e) Om du väger ner kålen med en saltlakefylld påse, stör inte krukan förrän normal jäsning är klar (när bubblandet upphör). Om du använder burkar som vikt måste du kontrollera krauten två till tre gånger varje vecka och ta bort avskum om det bildas. Heljäst kraut kan förvaras tätt täckt i kylen i flera månader.

f) Ta bort luftbubblor och justera utrymmet vid behov. Torka av kanterna på burkar med en fuktad ren pappershandduk. Justera locken och bearbeta.

35. Bröd-och-smör pickles

Ingredienser:

- 6 lbs 4- till 5-tums inläggningsgurkor
- 8 dl tunt skivad lök
- 1/2 kopp konserv- eller inläggningssalt
- 4 koppar vinäger (5%)

- 4-1/2 dl socker
- 2 msk senapsfrö
- 1-1/2 msk sellerifrö
- 1 msk mald gurkmeja
- 1 dl inläggningslime

Utbyte: Cirka 8 pints

Vägbeskrivning:

a) Tvätta gurkor. Skär 1/16-tum av blomkanten och kassera. Skär i 3/16-tums skivor. Kombinera gurka och lök i en stor skål. Lägg till Salt. Täck med 2 tum krossad eller tärnad is. Kyl 3 till 4 timmar, tillsätt mer is efter behov.

b) Blanda resten av ingredienserna i en stor kastrull. Koka 10 minuter. Låt rinna av och tillsätt gurka och lök och värm sakta upp till kokning. Fyll varma pintburkar med skivor och matlagningssirap, lämna 1/2-tums huvudutrymme. Ta bort luftbubblor och justera utrymmet vid behov. Torka av kanterna på burkar med en fuktad ren pappershandduk.

c) Justera locken och bearbeta.

36. Färskpackade dillgurka

Ingredienser:

- 8 lbs 3- till 5-tums inläggningsgurkor
- 2 liter vatten
- 1-1/4 koppar konserverings- eller inläggningssalt
- 1-1/2 liter vinäger (5%)
- 1/4 kopp socker
- 2 liter vatten
- 2 msk hel blandad inläggningskrydda
- ca 3 msk hela senapsfrö (1 tsk per pint burk)
- ca 14 huvuden färsk dill (1-1/2 huvuden per pintburk) eller
- 4-1/2 msk dillfrö (1-1/2 tsk per halvliters burk)

Utbyte: Cirka 7 till 9 pints

Vägbeskrivning:

a) Tvätta gurkor. Skär 1/16-tums skiva av blomkanten och kassera, men lämna 1/4-tums stjälk kvar. Lös 3/4 kopp salt i 2 liter vatten. Häll över gurkor och låt stå i 12 timmar. Dränera.

b) Kombinera vinäger, 1/2 kopp salt, socker och 2 liter vatten. Tillsätt blandade syltkryddor bundna i en ren vit trasa. Värm till kokning. Fyll varma burkar med gurka.

c) Tillsätt 1 tsk senapsfrö och 1-1/2 huvud färsk dill per halvliter. Täck med kokande betlösning, lämna 1/2-tums huvudutrymme. Ta bort luftbubblor och justera utrymmet vid behov. Torka av kanterna på burkar med en fuktad ren pappershandduk.

d) Justera locken och bearbeta.

37. Söta gurkagurka

Ingredienser:

- 7 lbs gurkor (1-1/2 tum eller mindre)
- 1/2 kopp konserv- eller inläggningssalt
- 8 koppar socker
- 6 koppar vinäger (5%)
- 3/4 tsk gurkmeja
- 2 tsk sellerifrön
- 2 tsk hel blandad inläggningskrydda
- 2 kanelstänger
- 1/2 tsk fänkål (valfritt)
- 2 tsk vanilj (valfritt)

Utbyte: Cirka 6 till 7 pints

Vägbeskrivning:

a) Tvätta gurkor. Skär 1/16-tums skiva av blomkanten och kassera, men lämna 1/4-tums stjälk kvar.

b) Lägg gurkorna i en stor behållare och täck med kokande vatten. Sex till 8 timmar senare, och igen på den andra dagen, dränera och täck med 6 liter färskt kokande vatten som innehåller 1/4 kopp salt. På den tredje dagen, dränera och pricka gurkan med en bordsgaffel.

c) Kombinera och koka upp 3 dl vinäger, 3 dl socker, gurkmeja och kryddor. Häll över gurkor. Sex till 8 timmar senare, låt rinna av och spara inläggningssirapen. Tillsätt ytterligare 2 koppar socker och vinäger vardera och värm upp till kokning. Häll över pickles.

d) På den fjärde dagen, dränera och spara sirap. Tillsätt ytterligare 2 dl socker och 1 dl vinäger. Värm till kokning och häll över pickles. Låt rinna av och spara inläggningssirap 6 till 8 timmar senare. Tillsätt 1 dl socker och 2 tsk vanilj och värm till kokning.

e) Fyll varma sterila pintburkar med pickles och täck med varm sirap, lämna 1/2-tums huvudutrymme.

f) Ta bort luftbubblor och justera utrymmet vid behov. Torka av kanterna på burkar med en fuktad ren pappershandduk.

g) Justera locken och bearbeta.

38. 14-dagars söta pickles

Ingredienser:

- 4 lbs 2- till 5-tums inläggningsgurkor
- 3/4 kopp konserverings- eller inläggningssalt
- 2 tsk sellerifrö
- 2 msk blandade syltkryddor
- 5-1/2 dl socker
- 4 koppar vinäger (5%)

Utbyte: Cirka 5 till 9 pints

Vägbeskrivning:

a) Tvätta gurkor. Skär 1/16-tums skiva av blomkanten och kassera, men lämna 1/4-tums stjälk kvar. Placera hela gurkor i en lämplig 1-liters behållare.

b) Tillsätt 1/4 kopp konserverings- eller inläggningssalt till 2 liter vatten och koka upp. Häll över gurkor. Lägg på lämpligt skydd och vikt.

c) Placera en ren handduk över behållaren och håll temperaturen vid ca 70°F. På den tredje och femte dagen, dränera saltvatten och kassera. Skölj gurkan och lägg tillbaka gurkan i behållaren. Tillsätt 1/4 kopp salt till 2 liter färskvatten och koka upp. Häll över gurkor.

d) Sätt tillbaka locket och vikten och täck igen med en ren handduk. På den sjunde dagen, töm saltvatten och kassera. Skölj gurkor, täck och vikt.

39. Snabba söta pickles

Ingredienser:

- 8 lbs 3- till 4-tums inläggningsgurkor
- 1/3 kopp konservings- eller inläggningssalt
- 4-1/2 dl socker
- 3-1/2 koppar vinäger (5%)
- 2 tsk sellerifrö
- 1 msk hel kryddpeppar
- 2 msk senapsfrö
- 1 kopp pickling lime (valfritt)

Utbyte: Cirka 7 till 9 pints

Vägbeskrivning:

a) Tvätta gurkor. Skär 1/16-tum av blomändan och kassera, men lämna kvar 1/4 tum av stjälken. Skiva eller skär i remsor om så önskas. Lägg i en skål och strö över 1/3 kopp salt. Täck med 2 inches av krossad eller tärningar.

b) Kyl 3 till 4 timmar. Tillsätt mer is efter behov. Dränera väl.

c) Kombinera socker, vinäger, sellerifrö, kryddpeppar och senapsfrö i en 6-quart vattenkokare. Värm till kokning.

d) Hot pack – Tillsätt gurkor och värm långsamt tills vinägerlösningen kokar tillbaka. Rör om då och då för att säkerställa att blandningen värms jämnt. Fyll sterila burkar, lämna 1/2-tums huvudutrymme.

e) Råpack—Fyll varma burkar och lämna 1/2-tums huvudutrymme. Tillsätt varm betningssirap, lämna 1/2-tums headspace.

f) Ta bort luftbubblor och justera utrymmet vid behov. Torka av kanterna på burkar med en fuktad ren pappershandduk.

g) Justera locken och bearbeta.

40. Inlagd sparris

Ingredienser:

- 10 kg sparris
- 6 stora vitlöksklyftor
- 4-1/2 dl vatten
- 4-1/2 koppar vit destillerad vinäger (5%)
- 6 små heta paprikor (valfritt)
- 1/2 kopp konservsalt
- 3 tsk dillfrö

Utbyte: 6 pintburkar med bred mun

Vägbeskrivning:

a) Tvätta sparrisen väl, men försiktigt, under rinnande vatten. Skär stjälkar från botten för att lämna spjut med spetsar att det i konservburken, lämnar lite mer än 1/2-tums headspace. Skala och tvätta vitlöksklyftorna.

b) Lägg en vitlöksklyfta i botten av varje burk och packa sparrisen tätt i varma burkar med de trubbiga ändarna nedåt. I en 8-liters kastrull, kombinera vatten, vinäger, paprika (valfritt), salt och dillfrö.

c) Koka upp. Lägg en varm paprika (om sådan används) i varje burk över sparrisspjut. Häll kokande het betslake över spjuten, lämna 1/2-tums headspace.

d) Ta bort luftbubblor och justera utrymmet vid behov. Torka av kanterna på burkar med en fuktad ren pappershandduk.

e) Justera locken och bearbeta.

41. Inlagda dillerade bönor

Ingredienser:

- 4 lbs färska mjuka gröna eller gula bönor
- 8 till 16 huvuden färsk dill
- 8 vitlöksklyftor (valfritt)
- 1/2 kopp konserv- eller inläggningssalt

- 4 koppar vit vinäger (5%)
- 4 koppar vatten
- 1 tsk varm röd paprika sjöar (valfritt)

Utbyte: Cirka 8 pints

Vägbeskrivning:

a) Tvätta och trimma ändarna från bönor och skär till 4-tums längder. I varje het steril pintburk, placera 1 till 2 dillhuvuden och, om så önskas, 1 vitlöksklyfta. Placera hela bönor upprätt i burkar, lämna 1/2-tums huvudutrymme.

b) Putsa bönorna för att säkerställa att de är ordentliga, om det behövs. Kombinera salt, vinäger, vatten och peppar (om så önskas). Koka upp. Tillsätt varm lösning till bönor, lämna 1/2-tums headspace.

c) Ta bort luftbubblor och justera utrymmet vid behov. Torka av kanterna på burkar med en fuktad ren pappershandduk.

d) Justera locken och bearbeta.

42. Inlagd trebönssallad

Ingredienser:

- 1-1/2 dl blancherade gröna/gula bönor
- 1-1/2 koppar konserverade, avrunna, röda kidneybönor
- 1 kopp konserverade, avrunna garbanzobönor
- 1/2 kopp skalad och tunt skivad lök
- 1/2 kopp putsad och tunt skivad selleri
- 1/2 kopp skivad grön paprika
- 1/2 kopp vit vinäger (5%)
- 1/4 kopp flaska citronsaft
- 3/4 kopp socker
- 1/4 kopp olja
- 1/2 tsk konserverings- eller inläggningssalt
- 1-1/4 dl vatten

Utbyte: Cirka 5 till 6 halvpints

Vägbeskrivning:

a) Tvätta och knäpp av ändarna av färska bönor. Skär eller knäpp i 1- till 2-tums bitar.

b) Blanchera 3 minuter och kyl omedelbart. Skölj kidneybönor med kranvatten och låt rinna av igen. Förbered och mät alla andra grönsaker.

c) Blanda vinäger, citronsaft, socker och vatten och låt koka upp. Avlägsna från värme.

d) Tillsätt olja och salt och blanda väl. Tillsätt bönor, lök, selleri och grön paprika till lösningen och låt sjuda.

e) Marinera 12 till 14 timmar i kylskåp, värm sedan upp hela blandningen till en kokning. Fyll varma burkar med fasta partiklar. Tillsätt varm vätska, lämna 1/2-tums huvudutrymme.

f) Ta bort luftbubblor och justera utrymmet vid behov. Torka av kanterna på burkar med en fuktad ren pappershandduk.

g) Justera locken och bearbeta.

43. Inlagda rödbetor

Ingredienser:

- 7 lbs rödbetor med en diameter på 2 till 2-1/2 tum
- 4 koppar vinäger (5%)
- 1-1/2 tsk konserverings- eller inläggningssalt
- 2 koppar socker
- 2 koppar vatten
- 2 kanelstänger
- 12 hela nejlikor
- 4 till 6 lökar (2- till 2-1/2-tums diameter),

Utbyte: Cirka 8 pints

Vägbeskrivning:

a) Klipp av bettoppar, lämna 1 tum av stjälk och rötter för att förhindra blödning av färg.

b) Tvätta noggrant. Sortera efter storlek. Täck liknande storlekar tillsammans med kokande vatten och koka tills de är mjuka (ca 25 till 30 minuter). Varning: Töm och kassera vätska. Coola rödbetor. Klipp av rötter och stjälkar och slip av skinn. Skiva i 1/4-tums skivor. Skala och skiva lök tunt.

c) Blanda vinäger, salt, socker och färskvatten. Lägg kryddorna i en ostdukspåse och lägg i vinägerblandningen. Koka upp. Tillsätt rödbetor och lök. Sjud i 5 minuter. Ta bort kryddpåsen.

d) Fyll varma burkar med rödbetor och lök, lämna 1/2-tums huvudutrymme. Tillsätt varm vinägerlösning, vilket ger 1/2-tums headspace.

e) Ta bort luftbubblor och justera utrymmet vid behov. Torka av kanterna på burkar med en fuktad ren pappershandduk.

f) Justera locken och bearbeta.

44. Inlagda morötter

Ingredienser:

- 2-3/4 lbs skalade morötter
- 5-1/2 koppar vit vinäger (5%)
- 1 kopp vatten
- 2 koppar socker
- 2 tsk konservsalt
- 8 tsk senapsfrö
- 4 tsk sellerifrö

Utbyte: Cirka 4 pints

Vägbeskrivning:

a) Tvätta och skala morötter. Skär i rundlar som är cirka 1/2 tum tjocka.

b) Kombinera vinäger, vatten, socker och konservsalt i en 8-liters holländsk ugn eller stockpot. Koka upp och koka i 3 minuter. Tillsätt morötter och låt koka upp igen. Sänk sedan värmen till en sjud och värm tills den är halvkokt (cirka 10 minuter).

c) Placera under tiden 2 tsk senapsfrö och 1 tesked sellerifrö i varje tom heta pintburk. Fyll burkar med varma morötter, lämna 1-tums huvudutrymme. Fyll med het betningsvätska, lämna 1/2-tums huvudutrymme.

d) Ta bort luftbubblor och justera utrymmet vid behov. Torka av kanterna på burkar med en fuktad ren pappershandduk.

e) Justera locken och bearbeta.

45. Inlagd blomkål/bryssel

Ingredienser:

- 12 koppar 1- till 2-tums blomkålsblommor eller små brysselkål
- 4 koppar vit vinäger (5%)
- 2 koppar socker
- 2 dl tunt skivad lök
- 1 kopp tärnad söt röd paprika
- 2 msk senapsfrö
- 1 msk sellerifrö
- 1 tsk gurkmeja
- 1 tsk varm röd paprika sjöar

Utbyte: Cirka 9 halvpints

Vägbeskrivning:

a) Tvätta blomkålsblommor eller brysselkål (ta bort stjälkar och fläckiga ytterblad) och koka i saltvatten (4 teskedar konservsalt per gallon vatten) i 3 minuter för blomkål och 4 minuter för brysselkål. Låt rinna av och svalna.

b) Kombinera vinäger, socker, lök, tärnad röd paprika och kryddor i en stor kastrull. Koka upp och låt sjuda i 5 minuter. Fördela lök och tärnad paprika mellan burkar. Fyll varma burkar med bitar och betlösning, lämna 1/2-tums huvudutrymme.

c) Ta bort luftbubblor och justera utrymmet vid behov. Torka av kanterna på burkar med en fuktad ren pappershandduk.

d) Justera locken och bearbeta.

46. Chayote och jicamaslaw

Ingredienser:

- 4 koppar julienned jicama
- 4 koppar julienned chayote
- 2 dl hackad röd paprika
- 2 hackade heta paprika
- 2-1/2 dl vatten
- 2-1/2 koppar cidervinäger (5%)
- 1/2 kopp vitt socker
- 3-1/2 tsk konservsalt
- 1 tsk sellerifrö (valfritt)

Utbyte: Cirka 6 halvpints

Vägbeskrivning:

a) Varning: Bär plast- eller gummihandskar och rör inte vid ansiktet när du hanterar eller skär peppar. Om du inte använder handskar, tvätta händerna noggrant med tvål och vatten innan du rör vid ansiktet eller ögonen.

b) Tvätta, skala och tunt julienne jicama och chayote, kassera fröet från chayoten. Kombinera alla ingredienser utom chayote i en 8-quart holländsk ugn eller stockpot. Koka upp och koka i 5 minuter.

c) Sänk värmen till att sjuda och tillsätt chayote. Koka upp igen och sänk sedan värmen. Fyll varma fasta ämnen i varma halvlitersburkar, lämna 1/2-tums huvudutrymme.

d) Täck med kokande matlagningsvätska, lämna 1/2-tums huvudutrymme.

e) Ta bort luftbubblor och justera utrymmet vid behov. Torka av kanterna på burkar med en fuktad ren pappershandduk.

f) Justera locken och bearbeta.

47. Bröd-och-smör inlagd jicama

Ingredienser:

- 14 koppar jicama i tärningar
- 3 dl tunt skivad lök
- 1 dl hackad röd paprika
- 4 koppar vit vinäger (5%)
- 4-1/2 dl socker
- 2 msk senapsfrö
- 1 msk sellerifrö
- 1 tsk mald gurkmeja

Utbyte: Cirka 6 pints

Vägbeskrivning:

a) Kombinera vinäger, socker och kryddor i en 12 liter holländsk ugn eller stor kastrull. Rör om och låt koka upp. Rör ner beredd jicama, lökskivor och röd paprika. Koka upp igen, sänk värmen och låt sjuda i 5 minuter. Rör om då och då.

b) Fyll varma fasta ämnen i heta pintburkar, lämna 1/2-tums huvudutrymme. Täck med kokande matlagningsvätska, lämna 1/2-tums huvudutrymme.

c) Ta bort luftbubblor och justera utrymmet vid behov. Torka av kanterna på burkar med en fuktad ren pappershandduk.

d) Justera locken och bearbeta.

48. Marinerade hela svampar

Ingredienser:

- 7 kg små hela svampar
- 1/2 kopp flaska citronsaft
- 2 dl oliv- eller salladsolja
- 2-1/2 koppar vit vinäger (5%)
- 1 msk oreganoblad
- 1 msk torkade basilikablad
- 1 matsked konserverings- eller inläggningssalt
- 1/2 kopp hackad lök
- 1/4 kopp tärnad pimiento
- 2 vitlöksklyftor, skurna i fjärdedelar
- 25 svartpepparkorn

Utbyte: Cirka 9 halvpints

Vägbeskrivning:

a) Välj mycket färska oöppnade svampar med lock mindre än 1-1/4 tum i diameter. Tvätta. Klipp av stjälkarna, lämna 1/4 tum fästa på locket. Tillsätt citronsaft och vatten så att det täcker. Koka upp. Sjud i 5 minuter. Häll av svamp.

b) Blanda olivolja, vinäger, oregano, basilika och salt i en kastrull. Rör ner lök och pimiento och värm till kokning.

c) Lägg 1/4 vitlöksklyfta och 2-3 pepparkorn i en halvlitersburk. Fyll varma burkar med svamp och het, välblandad olja/vinägerlösning, lämna 1/2-tums huvudutrymme.

d) Ta bort luftbubblor och justera utrymmet vid behov. Torka av kanterna på burkar med en fuktad ren pappershandduk.

e) Justera locken och bearbeta.

49. Inlagd dilled okra

Ingredienser:

- 7 lbs små okrabaljor
- 6 små heta paprika
- 4 tsk dillfrö
- 8 till 9 vitlöksklyftor
- 2/3 kopp konserverings- eller inläggningssalt
- 6 dl vatten
- 6 koppar vinäger (5%)

Utbyte: Cirka 8 till 9 pints

Vägbeskrivning:

a) Tvätta och putsa okra. Fyll varma burkar ordentligt med hel okra, lämna 1/2-tums huvudutrymme. Lägg 1 vitlöksklyfta i varje burk.

b) Blanda salt, paprika, dillfrö, vatten och vinäger i en stor kastrull och koka upp.

Häll varm betningslösning över okra, lämna 1/2-tums huvudutrymme.

c) Ta bort luftbubblor och justera utrymmet vid behov. Torka av kanterna på burkar med en fuktad ren pappershandduk.

d) Justera locken och bearbeta.

50. Inlagd pärllök

Ingredienser:

- 8 dl skalad vit pärllök
- 5-1/2 koppar vit vinäger (5%)
- 1 kopp vatten
- 2 tsk konservsalt
- 2 koppar socker
- 8 tsk senapsfrö
- 4 tsk sellerifrö

Utbyte: Cirka 3 till 4 pints

Vägbeskrivning:

a) För att skala lök, lägg några åt gången i en trådnätkorg eller sil, doppa i kokande vatten i 30 sekunder, ta sedan bort och lägg i kallt vatten i 30 sekunder. Skär en 1/16-tums skiva från rotänden och ta sedan bort skalet och skär 1/16-tum från den andra änden av löken.

b) Kombinera vinäger, vatten, salt och socker i en 8-liters holländsk ugn eller kärl. Koka upp och koka i 3 minuter.

c) Tillsätt skalad lök och låt koka upp igen. Sänk värmen till en sjud och värm tills den är halvkokt (cirka 5 minuter).

d) Placera under tiden 2 tsk senapsfrö och 1 tsk sellerifrö i varje tom heta pintburk. Fyll med het lök, lämna 1 tum headspace. Fyll med het betningsvätska, lämna 1/2-tums huvudutrymme.

e) Ta bort luftbubblor och justera utrymmet vid behov. Torka av kanterna på burkar med en fuktad ren pappershandduk.

f) Justera locken och bearbeta.

51. Marinerad paprika

Ingredienser:

- Bell, ungerska, banan eller jalapeño
- 4 kg fast paprika
- 1 kopp flaska citronsaft
- 2 koppar vit vinäger (5%)
- 1 msk oreganoblad
- 1 dl oliv- eller salladsolja
- 1/2 kopp hackad lök
- 2 vitlöksklyftor, i fjärdedelar (valfritt)
- 2 matskedar beredd pepparrot (valfritt)

Utbyte: Cirka 9 halvpints

Vägbeskrivning:

a) Välj din favoritpeppar. Varning: Om du väljer varm paprika, använd plast- eller gummihandskar och rör inte vid ansiktet när du hanterar eller skär paprika.

b) Tvätta, skär två till fyra skåror i varje paprika och blanchera i kokande vatten eller blisterskal på het paprika med hårda skal med en av dessa två metoder:

c) Ugns- eller broilermetod för att blåsa skal – Placera paprikan i en het ugn (400°F) eller under en broiler i 6 till 8 minuter tills skalet blir blåsor.

d) Range-top-metod för att blåsa skinn – Täck den heta brännaren (antingen gas eller elektrisk) med kraftigt trådnät.

e) Lägg paprikan på brännaren i flera minuter tills skalet blir blåsor.

f) Efter blåsbildning i skalet, lägg paprikorna i en kastrull och täck med en fuktig trasa. (Detta kommer att göra det lättare att skala paprikorna.) Kyl i flera minuter; skal av skinn. Platta ut hela paprika.

g) Blanda alla resterande ingredienser i en kastrull och värm till kokning. Placera 1/4 vitlöksklyfta (valfritt) och 1/4 tsk salt i varje het halvlitersburk eller 1/2 tesked per pint. Fyll varma burkar med paprika. Tillsätt varm, välblandad olja/betningslösning över paprika, lämna 1/2-tums headspace.

h) Ta bort luftbubblor och justera utrymmet vid behov. Torka av kanterna på burkar med en fuktad ren pappershandduk.

i) Justera locken och bearbeta.

52. Inlagd paprika

Ingredienser:

- 7 lbs fast paprika
- 3-1/2 dl socker
- 3 koppar vinäger (5%)
- 3 koppar vatten
- 9 vitlöksklyftor
- 4-1/2 tsk konserverings- eller inläggningssalt

Utbyte: Cirka 9 pints

Vägbeskrivning:

a) Tvätta paprikan, skär i fjärdedelar, ta bort kärnor och frön och skär bort eventuella fläckar. Skiva paprikan i strimlor. Koka socker, vinäger och vatten i 1 minut.

b) Tillsätt paprika och låt koka upp. Placera 1/2 vitlöksklyfta och 1/4 tesked salt i varje het steril halvlitersburk; dubbla mängden för pintburkar.

c) Lägg till pepparremsor och täck med varm vinägerblandning, lämna 1/2-tum

53. Inlagd het paprika

Ingredienser:

- Ungerska, banan, chile, jalapeño
- 4 kg varma långa röda, gröna eller gula paprika
- 3 lbs söt röd och grön paprika, blandad
- 5 koppar vinäger (5%)
- 1 kopp vatten
- 4 tsk konserverings- eller inläggningssalt
- 2 msk socker
- 2 vitlöksklyftor

Utbyte: Cirka 9 pints

Vägbeskrivning:

a) Varning: Bär plast- eller gummihandskar och rör inte vid ansiktet när du hanterar eller skär peppar. Om du inte använder handskar, tvätta händerna noggrant med tvål och vatten innan du rör vid ansiktet eller ögonen.

b) Tvätta paprika. Om små paprika lämnas hela, skär 2 till 4 skåror i varje. Fjärde stora paprika.

c) Blanchera i kokande vatten eller blisterskal på tufft skalade paprika med någon av dessa två metoder:

d) Ugns- eller broilermetod för att blåsa skal – Placera paprikan i en het ugn (400°F) eller under en broiler i 6 till 8 minuter tills skalet blir blåsor.

e) Range-top-metod för att blåsa skinn – Täck den heta brännaren (antingen gas eller elektrisk) med kraftigt trådnät.

f) Lägg paprikan på brännaren i flera minuter tills skalet blir blåsor.

g) Efter blåsbildning i skalet, lägg paprikorna i en kastrull och täck med en fuktig trasa. (Detta kommer att göra det lättare att skala paprikorna.) Kyl i flera minuter; skal av skinn. Platta ut små paprika. Fjärde stora paprika. Fyll varma burkar med paprika, lämna 1/2-tums huvudutrymme.

h) Blanda och värm övriga ingredienser till kokning och låt sjuda i 10 minuter. Ta bort vitlöken. Tillsätt varm betningslösning över paprika, lämna 1/2-tums huvudutrymme.

i) Ta bort luftbubblor och justera utrymmet vid behov. Torka av kanterna på burkar med en fuktad ren pappershandduk.

j) Justera locken och bearbeta.

54. Inlagda ringar av jalapeñopeppar

Ingredienser:

- 3 kg jalapeñopeppar
- 1-1/2 dl inlagd lime
- 1-1/2 liter vatten
- 7-1/2 koppar cidervinäger (5%)
- 1-3/4 dl vatten
- 2-1/2 matskedar konservsalt
- 3 msk sellerifrö
- 6 matskedar senapsfrö

Utbyte: Cirka 6 pint burkar

Vägbeskrivning:

a) Varning: Bär plast- eller gummihandskar och rör inte vid ansiktet när du hanterar eller skär peppar.

b) Tvätta paprikan väl och skär i 1/4-tums tjocka skivor. Kassera skaftänden.

c) Blanda 1-1/2 koppar betninglime med 1-1/2 liter vatten i en plastbehållare av rostfritt stål, glas eller livsmedelskvalitet. Undvik att andas in kalkdamm när du blandar kalkvattenlösningen.

d) Blötlägg pepparskivorna i limevattnet i kylskåpet i 18 timmar, rör om då och då (12 till 24 timmar kan användas). Häll av limelösning från blötlagda paprikaringar.

e) Skölj paprikan försiktigt men noggrant med vatten. Täck paprikaringarna med kallt vatten och lägg i kylen i 1 timme. Häll av vattnet från paprikan. Upprepa stegen för sköljning, blötläggning och tömning två gånger till. Häll av ordentligt på slutet.

f) Placera 1 msk senapsfrö och 1-1/2 tsk sellerifrö i botten av varje het pintburk. Packa avrunna pepparringar i burkarna, lämna 1/2-tums huvudutrymme. Koka upp cidervinäger, 1-3/4 dl vatten och konservsalt på hög värme. Häll kokande het saltlösning över pepparringar i burkar, lämna 1/2-tums huvudutrymme.

g) Ta bort luftbubblor och justera utrymmet vid behov. Torka av kanterna på burkar med en fuktad ren pappershandduk.

h) Justera locken och bearbeta.

55. Inlagda gulpepparringar

Ingredienser:

- 2-1/2 till 3 lbs gul (banan) paprika
- 2 msk sellerifrö
- 4 msk senapsfrö
- 5 koppar cidervinäger (5%)
- 1-1/4 dl vatten
- 5 tsk konservsalt

Utbyte: Cirka 4 pint burkar

Vägbeskrivning:

a) Tvätta paprikan väl och ta bort skaftet; skiva paprika i 1/4-tums tjocka ringar. Placera 1/2 msk sellerifrö och 1 msk senapsfrö i botten av varje tom heta pintburk.

b) Fyll pepparringar i burkar, lämna 1/2-tums huvudutrymme. I en 4-quart holländsk ugn eller kastrull, kombinera cidervinäger, vatten och salt; värm till kokning. Täck pepparringarna med kokande betningsvätska, lämna 1/2-tums huvudutrymme.

c) Ta bort luftbubblor och justera utrymmet vid behov. Torka av kanterna på burkar med en fuktad ren pappershandduk.

d) Justera locken och bearbeta.

56. Inlagda söta gröna tomater

Ingredienser:

- 10 till 11 lbs gröna tomater
- 2 dl skivad lök
- 1/4 kopp konserverings- eller inläggningssalt
- 3 koppar farinsocker
- 4 koppar vinäger (5%)
- 1 msk senapsfrö
- 1 msk kryddpeppar
- 1 msk sellerifrö
- 1 msk hela kryddnejlika

Utbyte: Cirka 9 pints

Vägbeskrivning:

a) Tvätta och skiva tomater och lök. Lägg i en skål, strö över 1/4 kopp salt och låt stå i 4 till 6 timmar. Dränera. Värm och rör ner socker i vinäger tills det lösts upp.

b) Bind senapsfrö, kryddpeppar, sellerifrö och kryddnejlika i en kryddpåse. Lägg till vinäger med tomater och lök. Om det behövs, tillsätt minst vatten för att täcka bitarna. Koka upp och låt sjuda i 30 minuter, rör om vid behov för att förhindra att det bränns. Tomater ska vara möra och genomskinliga när de är rätt tillagade.

c) Ta bort kryddpåsen. Fyll den heta burken med fast material och täck med het betningslösning, lämna 1/2-tums huvudutrymme.

d) Ta bort luftbubblor och justera utrymmet vid behov. Torka av kanterna på burkar med en fuktad ren pappershandduk.

e) Justera locken och bearbeta.

57. Inlagda blandade grönsaker

Ingredienser:

- 4 lbs 4- till 5-tums inläggningsgurkor
- 2 kg skalade och delade små lök
- 4 koppar skuren selleri (1-tums bitar)
- 2 koppar skalade och skurna morötter (1/2-tums bitar)
- 2 koppar skuren söt röd paprika (1/2-tums bitar)
- 2 dl blomkålsblommor
- 5 koppar vit vinäger (5%)
- 1/4 kopp beredd senap
- 1/2 kopp konserv- eller inläggningssalt
- 3-1/2 dl socker
- 3 msk sellerifrö
- 2 msk senapsfrö
- 1/2 tsk hela kryddnejlika
- 1/2 tsk mald gurkmeja

Utbyte: Cirka 10 pints

Vägbeskrivning:

a) Kombinera grönsaker, täck med 2 tum av tärningar eller krossad is och kyl i 3 till 4 timmar. Kombinera vinäger och senap i 8-quarts vattenkokare och blanda väl. Tillsätt salt, socker, sellerifrö, senapsfrö, kryddnejlika, gurkmeja. Koka upp. Häll av grönsakerna och lägg till den heta beläggningslösningen.

b) Täck över och låt sakta koka upp. Låt grönsakerna rinna av men spara inläggningslösningen. Fyll grönsaker i heta sterila pintburkar eller heta quarts, lämna 1/2-tums huvudutrymme. Tillsätt betningslösning, lämna 1/2-tums huvudutrymme.

c) Ta bort luftbubblor och justera utrymmet vid behov. Torka av kanterna på burkar med en fuktad ren pappershandduk.

d) Justera locken och bearbeta.

58. Inlagd bröd-och-smör zucchini

Ingredienser:

- 16 koppar färsk zucchini, skivad
- 4 dl lök, tunt skivad
- 1/2 kopp konserv- eller inläggningssalt
- 4 koppar vit vinäger (5%)
- 2 koppar socker
- 4 msk senapsfrö
- 2 msk sellerifrö
- 2 tsk mald gurkmeja

Utbyte: Cirka 8 till 9 pints

Vägbeskrivning:

a) Täck zucchini och lökskivor med 1 tum vatten och salt. Låt stå i 2 timmar och låt rinna av ordentligt. Blanda vinäger, socker och kryddor. Koka upp och tillsätt zucchini och lök. Sjud 5 minuter och dåligt varma burkar med blandning och betlösning, lämna 1/2-tums utrymme.

b) Ta bort luftbubblor och justera utrymmet vid behov. Torka av kanterna på burkar med en fuktad ren pappershandduk.

c) Justera locken och bearbeta.

59. Chayote och päron njutning

Ingredienser:

- 3-1/2 koppar skalad chayote i tärningar
- 3-1/2 koppar skalade, tärnade Seckelpäron
- 2 dl hackad röd paprika
- 2 dl hackad gul paprika
- 3 dl hackad lök
- 2 Serrano paprika, hackad
- 2-1/2 koppar cidervinäger (5%)
- 1-1/2 dl vatten
- 1 kopp vitt socker
- 2 tsk konservsalt
- 1 tsk mald kryddpeppar
- 1 tsk mald pumpapajkrydda

Utbyte: Cirka 5 pint burkar

Vägbeskrivning:

a) Tvätta, skala och skär chayote och päron i 1/2-tums kuber, kassera kärnor och frön. Hacka lök och paprika. Kombinera vinäger, vatten, socker, salt och kryddor i en holländsk ugn eller stor kastrull. Koka upp, rör om för att lösa upp socker.

b) Tillsätt hackad lök och paprika; återgå till koka och koka i 2 minuter, rör om då och då.

c) Tillsätt chayote i tärningar och päron; återgå till kokpunkten och vrid värmen. Fyll de heta fasta ämnena i heta pintburkar, lämna 1-tums huvudutrymme. Täck med kokande matlagningsvätska, lämna 1/2-tums huvudutrymme.

d) Ta bort luftbubblor och justera utrymmet vid behov. Torka av kanterna på burkar med en fuktad ren pappershandduk.

e) Justera locken och bearbeta.

60. Piccalilli

Ingredienser:

- 6 dl hackade gröna tomater
- 1-1/2 dl hackad söt röd paprika
- 1-1/2 dl hackad grön paprika
- 2-1/4 koppar hackad lök
- 7-1/2 dl hackad kål
- 1/2 kopp konserv- eller inläggningssalt
- 3 msk hel blandad inläggningskrydda
- 4-1/2 koppar vinäger (5%)
- 3 koppar farinsocker

Utbyte: Cirka 9 halvpints

Vägbeskrivning:

a) Tvätta, hacka och kombinera grönsaker med 1/2 kopp salt. Täck med varmt vatten och låt stå i 12 timmar. Töm och tryck in en ren vit trasa för att avlägsna all tänkbar vätska. Bind kryddor löst i en kryddpåse och lägg i kombinerad vinäger och farinsocker och värm till en kokning i en kastrull.

b) Tillsätt grönsaker och koka försiktigt 30 minuter eller tills volymen av blandningen har reducerats till hälften. Ta bort kryddpåsen.

c) Fyll varma sterila burkar med het blandning, lämna 1/2-tums huvudutrymme.

d) Ta bort luftbubblor och justera utrymmet vid behov. Torka av kanterna på burkar med en fuktad ren pappershandduk.

e) Justera locken och bearbeta.

61. Pickle njutning

Ingredienser:

- 3 liter hackad gurka
- 3 koppar vardera hackad söt grön och röd paprika
- 1 kopp hackad lök
- 3/4 kopp konserverings- eller inläggningssalt
- 4 koppar is
- 8 dl vatten
- 2 koppar socker
- 4 teskedar vardera av senapsfrö, gurkmeja, hel kryddpeppar och hela kryddnejlika
- 6 koppar vit vinäger (5%)

Utbyte: Cirka 9 pints

Vägbeskrivning:

a) Tillsätt gurka, paprika, lök, salt och is i vattnet och låt stå i 4 timmar. Häll av och täck grönsakerna igen med färskt isvatten i ytterligare en timme. Dränera igen.

b) Kombinera kryddor i en krydd- eller ostdukspåse. Tillsätt kryddor till socker och vinäger. Värm till kokning och häll blandningen över grönsakerna.

c) Täck över och kyl i 24 timmar. Värm blandningen till kokande och sjukt het i varma burkar, lämna 1/2-tums huvudutrymme.

d) Ta bort luftbubblor och justera utrymmet vid behov. Torka av kanterna på burkar med en fuktad ren pappershandduk.

e) Justera locken och bearbeta.

62. Inlagd majsrelish

Ingredienser:

- 10 koppar färsk, hel majskärna
- 2-1/2 dl tärnad söt röd paprika
- 2-1/2 dl tärnad söt grön paprika
- 2-1/2 dl hackad selleri
- 1-1/4 koppar hackad lök
- 1-3/4 dl socker
- 5 koppar vinäger (5%)
- 2-1/2 matskedar konserverings- eller inläggningssalt
- 2-1/2 tsk sellerifrö
- 2-1/2 matskedar torr senap
- 1-1/4 tsk gurkmeja

Utbyte: Cirka 9 pints

Vägbeskrivning:

a) Koka majsax i 5 minuter. Doppa i kallt vatten. Skär hela kärnor från kolven eller använd sex 10-ounce frysta majspaket.

b) Blanda paprika, selleri, lök, socker, vinäger, salt och sellerifrö i en kastrull.

c) Koka upp och låt sjuda i 5 minuter, rör om då och då. Blanda senap och gurkmeja i 1/2 kopp av den puttade blandningen. Tillsätt denna blandning och majs till den varma blandningen.

d) Sjud ytterligare 5 minuter. Om så önskas, tjockna blandningen med lourpasta (1/4 kopp lour blandad i 1/4 kopp vatten) och rör om ofta. Fyll varma burkar med het blandning, lämna 1/2-tums huvudutrymme.

e) Ta bort luftbubblor och justera utrymmet vid behov. Torka av kanterna på burkar med en fuktad ren pappershandduk.

f) Justera locken och bearbeta.

63. Inlagd grön tomatrelish

Ingredienser:

- 10 lbs små, hårda gröna tomater
- 1-1/2 lbs röd paprika
- 1-1/2 lbs grön paprika
- 2 kg lök
- 1/2 kopp konserv- eller inläggningssalt
- 1 qt vatten
- 4 koppar socker
- 1 qt vinäger (5%)
- 1/3 kopp beredd gul senap
- 2 msk majsstärkelse

Utbyte: Cirka 7 till 9 pints

Vägbeskrivning:

a) Tvätta och grovt riv eller hacka tomater, paprika och lök. Lös salt i vatten och häll över grönsaker i stor vattenkokare.

Värm till kokning och låt sjuda i 5 minuter. Häll av i durkslag. Lägg tillbaka grönsakerna i vattenkokaren.

b) Tillsätt socker, vinäger, senap och majsstärkelse. Rör om för att blanda. Värm till kokning och låt sjuda i 5 minuter.

c) Fyll varma sterila pintburkar med varm relish, lämna 1/2-tums huvudutrymme.

d) Ta bort luftbubblor och justera utrymmet vid behov. Torka av kanterna på burkar med en fuktad ren pappershandduk.

e) Justera locken och bearbeta.

64. Inlagd pepparrotssås

Ingredienser:

- 2 koppar (3/4 lb) nyriven pepparrot
- 1 kopp vit vinäger (5%)
- 1/2 tsk konserverings- eller inläggningssalt
- 1/4 tsk pulveriserad askorbinsyra

Utbyte: Cirka 2 halvpints

Vägbeskrivning:

a) Skärpan hos färsk pepparrot bleknar inom 1 till 2 månader, även när den är kyld. Gör därför endast små mängder åt gången.

b) Tvätta pepparrotsrötter noggrant och skala av det bruna yttre skalet. De skalade rötterna kan rivas i en matberedare eller skäras i små tärningar och hällas i en matkvarn.

c) Kombinera ingredienser och ill i sterila burkar, lämna 1/4-tums huvudutrymme.

d) Förslut burkarna tätt och förvara i kylskåp.

65. Inlagd peppar-lök relish

Ingredienser:

- 6 dl hackad lök
- 3 dl hackad söt röd paprika
- 3 dl hackad grön paprika
- 1-1/2 dl socker
- 6 koppar vinäger (5%), gärna vitdestillerad
- 2 msk konserv- eller inläggningssalt

Utbyte: Cirka 9 halvpints

Vägbeskrivning:

a) Tvätta och hacka grönsaker. Kombinera alla ingredienser och koka försiktigt tills blandningen tjocknar och volymen reduceras till hälften (cirka 30 minuter).

b) Fyll varma sterila burkar med varm relish, lämna 1/2-tums huvudutrymme och förslut tätt.

c) Förvara i kylskåp och använd inom en månad.

66. Kryddig jicama relish

Ingredienser:

- 9 koppar tärnad jicama
- 1 matsked hel blandad inläggningskrydda
- 1 tvåtums kanelstång
- 8 koppar vit vinäger (5%)
- 4 koppar socker
- 2 tsk krossad röd paprika
- 4 dl tärnad gul paprika
- 4-1/2 dl tärnad röd paprika
- 4 dl hackad lök
- 2 färska fingervarma paprikor (ca 6 tum vardera), hackade och delvis kärnade

Utbyte: Cirka 7 pint burkar

Vägbeskrivning:

a) Varning: Bär plast- eller gummihandskar och rör inte vid ansiktet när du hanterar eller skär peppar. Tvätta, skala och trimma jicama; tärningar.

b) Placera pickling krydda och kanel på en ren, dubbla lager, 6-tums kvadratisk bit av 100% bomull ostduk.

c) För ihop hörnen och knyt med ett rent snöre. (Eller använd en köpt muslinkryddpåse.)

d) I en 4-liters holländsk ugn eller kastrull, kombinera pickling kryddpåse, vinäger, socker och krossad röd paprika. Koka upp, rör om för att lösa upp socker. Rör ner tärnad jicama, paprika, lök och finger-hots. Låt blandningen koka tillbaka.

e) Sänk värmen och låt sjuda under lock på medelhög värme i cirka 25 minuter. Släng kryddpåsen. Fyll relish i varma pintburkar, lämna 1/2-tums huvudutrymme. Täck med het betningsvätska, lämna 1/2-tums huvudutrymme.

f) Ta bort luftbubblor och justera utrymmet vid behov. Torka av kanterna på burkar med en fuktad ren pappershandduk.

g) Justera locken och bearbeta.

67. Tangy tomatillo relish

Ingredienser:

- 12 dl hackade tomater
- 3 koppar hackad jicama
- 3 dl hackad lök
- 6 dl hackade tomater av plommontyp
- 1-1/2 dl hackad grön paprika
- 1-1/2 dl hackad röd paprika
- 1-1/2 dl hackad gul paprika
- 1 kopp konservsalt
- 2 liter vatten
- 6 matskedar hel blandad inläggningskrydda
- 1 matsked krossad röd paprika lakes (valfritt)
- 6 koppar socker
- 6-1/2 koppar cidervinäger (5%)

Utbyte: Cirka 6 eller 7 pints

Vägbeskrivning:

a) Ta bort skal från tomatillos och tvätta väl. Skala jicama och lök. Tvätta alla grönsaker väl innan du putsar och hackar.

b) Placera hackade tomatillos, jicama, lök, tomater och all paprika i en 4-liters holländsk ugn eller kastrull. Lös konservsalt i vatten. Häll över förberedda grönsaker. Värm till kokning; sjuda i 5 minuter.

c) Låt rinna av ordentligt genom en sil med ostduk (tills inget mer vatten droppar igenom, cirka 15 till 20 minuter).

d) Lägg pickling krydda och valfria rödpeppar sjöar på en ren, dubbel-lager, 6 tums kvadratisk bit

68. Inga sockertillsatta inlagda rödbetor

Ingredienser:

- 7 lbs rödbetor med en diameter på 2 till 2-1/2 tum
- 4 till 6 lökar (2- till 2-1/2-tums diameter), om så önskas
- 6 koppar vit vinäger (5 procent)
- 1-1/2 tsk konserverings- eller inläggningssalt
- 2 koppar Splenda
- 3 koppar vatten
- 2 kanelstänger
- 12 hela nejlikor

Utbyte: Cirka 8 pints

Vägbeskrivning:

a) Klipp av bettoppar, lämna 1 tum av stjälk och rötter för att förhindra blödning av färg. Tvätta noggrant. Sortera efter storlek.

b) Täck liknande storlekar tillsammans med kokande vatten och koka tills de är mjuka (ca 25 till 30 minuter). Varning: Töm och kassera vätska. Coola rödbetor.

c) Klipp av rötter och stjälkar och slip av skinn. Skiva i 1/4-tums skivor. Skala, tvätta och skiva lök tunt.

d) Kombinera vinäger, salt, Splenda® och 3 koppar färskvatten i en stor holländsk ugn. Bind kanelstänger och kryddnejlika i en ostdukspåse och lägg i vinägerblandningen.

e) Koka upp. Tillsätt rödbetor och lök. Sjuda

f) 5 minuter. Ta bort kryddpåsen. Fyll varma rödbetor och lökskivor i varma pintburkar, lämna 1/2-tums huvudutrymme. Täck med kokande vinägerlösning, lämna 1/2-tums headspace.

g) Ta bort luftbubblor och justera utrymmet vid behov. Torka av kanterna på burkar med en fuktad ren pappershandduk.

h) Justera locken och bearbeta.

69. Söt inlagd gurka

Ingredienser:

- 3-1/2 lbs inlagda gurkor
- kokande vatten för att täcka skivade gurkor
- 4 koppar cidervinäger (5%)
- 1 kopp vatten
- 3 koppar Splenda®
- 1 msk konservsalt
- 1 msk senapsfrö
- 1 msk hel kryddpeppar
- 1 msk sellerifrö
- 4 en-tums kanelstänger

Utbyte: Cirka 4 eller 5 pint burkar

Vägbeskrivning:

a) Tvätta gurkor. Skiva 1/16-tum av blomändarna och kassera. Skiva gurkor i

1/4-tums tjocka skivor. Häll kokande vatten över gurkskivorna och låt stå i 5 till 10 minuter.

b) Häll av det varma vattnet och häll kallt vatten över gurkorna. Låt kallt vatten rinna kontinuerligt över gurkskivorna, eller byt vatten ofta tills gurkan svalnat. Låt skivorna rinna av väl.

c) Blanda vinäger, 1 dl vatten, Splenda® och alla kryddor i en 10 liter holländsk ugn eller kärl. Koka upp. Tillsätt avrunna gurkskivor försiktigt i den kokande vätskan och koka upp igen.

d) Placera en kanelstång i varje tom het burk, om så önskas. Fyll varma pickleskivor i varma pintburkar, lämna 1/2-tums huvudutrymme. Täck med kokande saltlake, lämna 1/2-tums huvudutrymme.

e) Ta bort luftbubblor och justera utrymmet vid behov. Torka av kanterna på burkar med en fuktad ren pappershandduk.

f) Justera locken och bearbeta.

70. Slugade dillgurka

Ingredienser:

- 4 lbs (3- till 5-tum) inläggningsgurkor
- 6 koppar vinäger (5%)
- 6 koppar socker
- 2 msk konserv- eller inläggningssalt
- 1-1/2 tsk sellerifrö
- 1-1/2 tsk senapsfrö
- 2 stora lökar, tunt skivade
- 8 huvuden färsk dill

Utbyte: Cirka 8 pints

Vägbeskrivning:

a) Tvätta gurkor. Skär 1/16-tums skiva av blomkanten och kassera. Skär gurkor i 1/4-tums skivor. Blanda vinäger, socker, salt, selleri och senapsfrön i en stor kastrull. Koka upp blandningen.

b) Lägg 2 skivor lök och 1/2 dillhuvud på botten av varje het pintburk. Fyll varma burkar med gurkskivor, lämna 1/2-tums huvudutrymme.

c) Lägg 1 skiva lök och 1/2 dillhuvud ovanpå. Häll varm betningslösning över gurkor, lämna 1/4-tums huvudutrymme.

d) Ta bort luftbubblor och justera utrymmet vid behov. Torka av kanterna på burkar med en fuktad ren pappershandduk.

e) Justera locken och bearbeta.

71. Skivad söt pickles

Ingredienser:

- 4 lbs (3 till 4 tum) inläggningsgurkor

Brining lösning:

- 1 q destillerad vit vinäger (5%)
- 1 matsked konserverings- eller inläggningssalt
- 1 msk senapsfrö
- 1/2 kopp socker

Konserveringsirap:

- 1-2/3 koppar destillerad vit vinäger (5%)
- 3 koppar socker
- 1 msk hel kryddpeppar
- 2-1/4 tsk sellerifrö

Utbyte: Cirka 4 till 5 pints

Vägbeskrivning:

a) Tvätta gurkor och skär 1/16 tum av blomkanten och kassera. Skär gurkor i 1/4-tums skivor. Blanda alla ingredienser till konserveringssirap i en kastrull och låt koka upp. Håll sirapen varm tills den ska användas.

b) Blanda ingredienserna till saltlösningen i en stor vattenkokare. Tillsätt de skurna gurkorna, täck över och låt sjuda tills gurkorna ändrar färg från ljust till matt grönt (cirka 5 till 7 minuter). Låt gurkskivorna rinna av.

c) Fyll varma burkar och täck med varm konserveringssirap och lämna 1/2-tums huvudutrymme.

d) Ta bort luftbubblor och justera utrymmet vid behov. Torka av kanterna på burkar med en fuktad ren pappershandduk.

e) Justera locken och bearbeta.

SYLT OCH GEEL

72. Äppelsylt

Ingredienser:

- 2 koppar skalade, urkärnade och hackade päron
- 1 kopp skalade, urkärnade och hackade äpplen
- 6-1/2 dl socker
- 1/4 tsk mald kanel
- 1/3 kopp flaska citronsaft
- 6 oz flytande pektin

Utbyte: Cirka 7 till 8 halvpints

Vägbeskrivning:

a) Krossa äpplen och päron i en stor kastrull och rör ner kanel.

b) Blanda socker och citronsaft noggrant med frukt och låt koka upp på hög värme under konstant omrörning. Rör genast i pektin. Koka upp och koka hårt i 1 minut under konstant omrörning.

c) Ta bort från värmen, skumma snabbt av skummet och fyll sterila burkar och lämna 1/4-tums huvudutrymme. Torka av kanterna på burkar med en fuktad ren pappershandduk.

d) Justera locken och bearbeta.

73. Jordgubbs-rabarbergelé

Ingredienser:

- 1-1/2 lbs röda stjälkar av rabarber
- 1-1/2 liter mogna jordgubbar
- 1/2 tsk smör eller margarin för att minska skumbildning (valfritt)
- 6 koppar socker
- 6 oz flytande pektin

Utbyte: Cirka 7 halvpints

Vägbeskrivning:

a) Tvätta och skär rabarber i 1-tums bitar och blanda eller mal. Tvätta, stjälk och krossa jordgubbar, ett lager i taget, i en kastrull.

b) Lägg båda frukterna i en gelépåse eller dubbla lager ostduk och krama försiktigt ur saften. Mät upp 3-1/2 koppar juice i en stor kastrull. Tillsätt smör och socker, blanda noggrant till juice.

c) Koka upp på hög värme under konstant omrörning. Rör genast i pektin. Koka upp och koka hårt i 1 minut under konstant omrörning.

d) Ta bort från värmen, skumma snabbt av skummet och fyll sterila burkar, lämna 1/4-tums huvudutrymme. Torka av kanterna på burkar med en fuktad ren pappershandduk.

e) Justera locken och bearbeta.

74. Blåbärs-kryddsylt

Ingredienser:

- 2-1/2 pints mogna blåbär
- 1 msk citronsaft
- 1/2 tsk mald muskotnöt eller kanel
- 5-1/2 dl socker
- 3/4 kopp vatten
- 1 låda (1-3/4 oz) pektinpulver

Utbyte: Cirka 5 halvpints

Vägbeskrivning:

a) Tvätta och krossa blåbären ordentligt, ett lager i taget, i en kastrull. Tillsätt citronsaft, krydda och vatten. Rör i pektin och låt koka upp på hög värme, rör om ofta.

b) Tillsätt sockret och koka upp igen. Koka hårt i 1 minut under konstant omrörning.

c) Ta bort från värmen, skumma snabbt av skummet och fyll sterila burkar, lämna 1/4-tums huvudutrymme. Torka av kanterna på burkar med en fuktad ren pappershandduk.

d) Justera locken och bearbeta.

75. Druv-plommongelé

Ingredienser:

- 3-1/2 lbs mogna plommon
- 3 kg mogna Concord-druvor
- 1 kopp vatten
- 1/2 tsk smör eller margarin för att minska skumbildning (valfritt)
- 8-1/2 dl socker
- 1 låda (1-3/4 oz) pektinpulver

Utbyte: Cirka 10 halvpints

Vägbeskrivning:

a) Tvätta och gröp plommon; skala inte. Krossa plommonen och druvorna ordentligt, ett lager i taget, i en kastrull med vatten. Koka upp, täck och låt sjuda i 10 minuter.

b) Sila saften genom en gelépåse eller dubbla lager ostduk. Mät upp socker och ställ åt sidan.

c) Kombinera 6-1/2 koppar juice med smör och pektin i en stor kastrull. Koka upp hårt på hög värme under konstant omrörning. Tillsätt sockret och koka upp igen. Koka hårt i 1 minut under konstant omrörning.

d) Ta bort från värmen, skumma snabbt av skummet och fyll sterila burkar, lämna 1/4-tums huvudutrymme. Torka av kanterna på burkar med en fuktad ren pappershandduk.

e) Justera locken och bearbeta.

76. Gyllene peppargelé

Ingredienser:

- 5 dl hackad gul paprika
- ½ kopp hackad Serrano chilipeppar
- 1-1/2 koppar vit destillerad vinäger (5%)
- 5 koppar socker
- 1 påse (3 oz.) flytande pektin

Utbyte: Cirka 5 halvlitersburkar

Vägbeskrivning:

a) Tvätta all paprika noggrant; ta bort stjälkar och frön från paprikan. Lägg söt och varm paprika i en mixer eller matberedare.

b) Tillsätt tillräckligt med vinäger för att puréa paprikan, puré sedan. Kombinera peppar-vinägerpurén och återstående vinäger i en 8- eller 10-liters kastrull. Värm till en koka; koka sedan 10 minuter för att extrahera smaker och färg.

c) Ta av från värmen och sila genom en gelépåse i en skål. (Gelépåsen är att föredra; flera lager ostduk kan också användas.)

d) Mät upp 2-1/4 koppar av den silade peppar-vinägerjuicen tillbaka i kastrullen. Rör i sockret tills det löst sig och återställ blandningen till att koka upp. Tillsätt pektinet, återgå till en full rullande koka och koka hårt i 1 minut under konstant omrörning.

e) Ta bort från värmen, skumma snabbt bort eventuellt skum och fyll i sterila burkar, lämna 1/4-tums utrymme. Torka av kanterna på burkar med en fuktad ren pappershandduk.

f) Justera locken och bearbeta.

77. Persika-ananas pålägg

Ingredienser:

- 4 koppar avrunnen persikomassa
- 2 koppar avrunnen osötad krossad ananas
- 1/4 kopp flaska citronsaft
- 2 koppar socker (valfritt)

Utbyte: 5 till 6 halvpints

Vägbeskrivning:

a) Tvätta noggrant 4 till 6 pund fasta, mogna persikor. Dränera väl. Skala och ta bort gropar. Mal fruktköttet med ett medelstort eller grovt blad, eller krossa med en gaffel (använd inte en mixer).

b) Placera mald eller krossad frukt i en 2-liters kastrull. Värm långsamt för att frigöra juice, rör hela tiden tills frukten är mjuk.

c) Lägg kokt frukt i en gelépåse eller sil fodrad med fyra lager ostduk. Låt saften droppa ca 15 minuter. Spara juicen för gelé eller annat bruk.

d) Mät 4 koppar avrunnen fruktkött för att göra spridning. Kombinera de 4 kopparna massa, ananas och citronsaft i en 4-liters kastrull. Tillsätt upp till 2 koppar socker, om så önskas, och blanda väl. Värm och koka försiktigt i 10 till 15 minuter, rör om tillräckligt för att förhindra att den fastnar.

e) Fyll varma burkar snabbt och lämna 1/4-tums huvudutrymme. Torka av kanterna på burkar med en fuktad ren pappershandduk.

f) Justera locken och bearbeta.

78. Kylt äppelpålägg

Ingredienser:

- 2 matskedar gelatinpulver utan smak
- 1 qt flaska osötad äppeljuice
- 2 msk citronsaft på flaska
- 2 matskedar flytande lågkalori sötningsmedel Livsmedelsfärg, om så önskas

Utbyte: 4 halvpints

Vägbeskrivning:

a) I en kastrull, mjuka upp gelatinet i äppel- och citronsaften. För att lösa upp gelatinet, låt koka upp och koka i 2 minuter. Avlägsna från värme. Rör i sötningsmedel och matfärg, om så önskas.

b) Fyll burkar, lämna 1/4-tums huvudutrymme. Torka av kanterna på burkar med en fuktad ren

pappershandduk. Justera locken.
Bearbeta eller frys inte.

c) Förvara i kylskåp och använd inom 4 veckor.

79. Kylskåp druvpålägg

Ingredienser:

- 2 matskedar gelatinpulver utan smak
- 1 flaska (24 oz) osötad druvjuice
- 2 msk citronsaft på flaska
- 2 matskedar flytande lågkalori sötningsmedel

Utbyte: 3 halvpints

Vägbeskrivning:

a) I en kastrull, mjuka upp gelatinet i druv- och citronsaften. Koka upp för att lösa upp gelatinet. Koka 1 minut och ta bort från värmen. Rör ner sötningsmedel.

b) Fyll varma burkar snabbt och lämna 1/4-tums huvudutrymme. Torka av kanterna på burkar med en fuktad ren pappershandduk.

c) Justera locken. Bearbeta eller frys inte.

d) Förvara i kylskåp och använd inom 4 veckor.

80. Äppelgelé utan tillsatt pektin

Ingredienser:

- 4 dl äppeljuice
- 2 msk silad citronsaft, om så önskas
- 3 koppar socker

Gör 4 till 5 halvlitersburkar.

Vägbeskrivning:

a) För att förbereda juice. Använd en andel av en fjärdedel undermogna äpplen till tre fjärdedelar fullt mogen syrlig frukt.

b) Sortera, tvätta och ta bort stjälk- och blomändar; klippa eller kärna inte. Skär äpplen i små bitar. Tillsätt vatten, täck över och låt koka upp på hög värme. Sänk värmen och låt sjuda i 20 till 25 minuter eller tills äpplena är mjuka. Extrahera juice.

c) För att göra gelé. Mät upp äppeljuice i en vattenkokare. Tillsätt citronsaft och socker och rör om väl. Koka över hög värme till 8 °F över vattnets kokpunkt, eller tills geléblandningen faller i ett ark från en sked.

d) Avlägsna från värme; skumma av skum snabbt. Häll omedelbart gelé i varma, sterila burkar till ¼ tum från toppen. Förslut och bearbeta 5 minuter i ett kokande vattenbad.

81. Äppelmarmelad utan tillsatt pektin

Ingredienser:

- 8 koppar tunt skivade äpplen
- 1 apelsin
- 1½ dl vatten

- 5 koppar socker
- 2 msk citronsaft

Vägbeskrivning:

a) För att förbereda frukt. Välj syrliga äpplen. Tvätta, skär, kvarta och kärna ur äpplena. Skiva tunt. Dela apelsinen i fjärdedelar, ta bort eventuella kärnor och skiva mycket tunt.

b) För att göra marmelad. Värm upp vatten och socker tills sockret är upplöst. Tillsätt citronsaft och frukt. Koka snabbt, rör om hela tiden, till 9 °F över vattnets kokpunkt, eller tills blandningen tjocknar. Avlägsna från värme; skumma.

c) Häll omedelbart i varma, sterila konservburkar till $\frac{1}{2}$ tum från toppen. Täta. Bearbeta 5 minuter i kokande vattenbad.

d) Ger 6 eller 7 halvlitersburkar.

82. Blackberry Jelly utan tillsatt pektin

Ingredienser:

- 8 dl björnbärsjuice
- 6 koppar socker

Vägbeskrivning:

a) För att förbereda juice. Välj en andel av en fjärdedel undermogna bär till tre fjärdedelar av mogen frukt. Sortera och tvätta; ta bort eventuella stjälkar eller lock. Krossa bären, tillsätt vatten, täck över och låt koka upp på hög värme. Sänk värmen och låt sjuda i 5 minuter. Extrahera juice.

b) För att göra gelé. Mät upp juice i en vattenkokare. Tillsätt socker och rör om väl. Koka över hög värme till 8 °F över vattnets kokpunkt eller tills geléblandningen faller i ett ark från en sked.

c) Avlägsna från värme; skumma av skum snabbt. Häll omedelbart gelé i varma, sterila burkar till $\frac{1}{4}$ tum från toppen.

Förslut och bearbeta 5 minuter i ett kokande vattenbad.

Gör 7 eller 8 halvlitersburkar.

83. Körsbärsgelé med pektinpulver

Ingredienser:

- 3 ½ dl körsbärsjuice
- 1 paket pektinpulver
- 4 ½ dl socker

Vägbeskrivning:

a) För att förbereda juice. Välj helt mogna körsbär. Sortera, tvätta och ta bort stjälkar; grop inte. Krossa körsbär, tillsätt vatten, täck över, koka upp på hög värme. Sänk värmen och låt sjuda i 10 minuter. Extrahera juice.

b) För att göra gelé. Mät upp juice i en vattenkokare. Tillsätt pektin och rör om väl. Sätt på hög värme och under konstant omrörning, låt snabbt koka upp som inte går att röra ner.

c) Tillsätt socker, fortsätt att röra och värm igen till en full rullande koka. Koka hårt i 1 minut.

d) Avlägsna från värme; skumma av skum snabbt. Häll omedelbart gelé i varma, sterila burkar till $\frac{1}{4}$ tum från toppen. Förslut och bearbeta 5 minuter i ett kokande vattenbad.

Gör ungefär sex 8-ounce burkar.

84. Körsbärssylt med pektinpulver

Ingredienser:

- 4 koppar malda urkärnade körsbär
- 1 paket pektinpulver
- 5 koppar socker

Vägbeskrivning:

a) För att förbereda frukt. Sortera och tvätta helt mogna körsbär; ta bort stjälkar och gropar. Mal körsbär eller hacka fint.

b) Att göra sylt. Mät upp förberedda körsbär i en vattenkokare. Tillsätt pektin och rör om väl. Sätt på hög värme och under konstant omrörning, låt snabbt koka upp med bubblor över hela ytan.

c) Tillsätt socker, fortsätt att röra och värm igen till en full bubblande koka. Koka hårt i 1 minut under konstant omrörning. Avlägsna från värme; skumma.

d) Häll omedelbart i varma, sterila konservburkar till $\frac{1}{4}$ tum från toppen.

Förslut och bearbeta 5 minuter i kokande vattenbad.

Gör 6 halvlitersburkar.

85. Fikonsylt med flytande pektin

Ingredienser:

- 4 koppar krossade fikon (ca 3 pund fikon)
- ½ dl citronsaft
- 7 ½ koppar socker
- ½ flaska flytande pektin

Vägbeskrivning:

a) För att förbereda frukt. Sortera och tvätta helt mogna fikon; ta bort skaftändarna. Krossa eller mal frukt.

b) Att göra sylt. Lägg krossade fikon och citronsaft i en vattenkokare. Tillsätt socker och rör om väl. Sätt på hög värme och rör hela tiden, låt snabbt koka upp med bubblor över hela ytan. Koka hårt i 1 minut under konstant omrörning.

c) Avlägsna från värme. Rör i pektin. Skumma av skum snabbt. Häll omedelbart i varma, sterila konservburkar till ¼ tum från toppen. Förslut och bearbeta 5 minuter i kokande vattenbad.

Gör cirka 9 halvlitersburkar.

86. Druvgelé med pektinpulver

Ingredienser:

- 5 koppar druvjuice
- 1 paket pektinpulver
- 7 koppar socker

Vägbeskrivning:

a) För att förbereda juice. Sortera, tvätta och ta bort stjälkar från helt mogna druvor. Krossa druvor, tillsätt vatten, täck över och koka upp på hög värme. Sänk värmen och låt sjuda i 10 minuter. Extrahera juice..

b) För att göra gelé. Mät upp juice i en vattenkokare. Tillsätt pektin och rör om väl. Sätt på hög värme och under konstant omrörning, låt snabbt koka upp som inte går att röra ner.

c) Tillsätt socker, fortsätt att röra och låt koka upp igen. Koka hårt i 1 minut.

d) Avlägsna från värme; skumma av skum snabbt. Häll omedelbart gelé i varma, sterila burkar till ¼ tum från toppen. Förslut och bearbeta 5 minuter i ett kokande vattenbad.

Ger 8 eller 9 halvlitersburkar.

87. Mint-ananassylt med flytande pektin

Ingredienser:

- En 20-oz. burk krossad ananas ¾ kopp vatten
- ¼ kopp citronsaft
- 7 ½ koppar socker
- 1 flaska flytande pektin ½ tesked myntaextrakt Några droppar grön färg

Vägbeskrivning:

a) Lägg krossad ananas i en vattenkokare. Tillsätt vatten, citronsaft och socker. Blanda väl.

b) Sätt på hög värme och rör hela tiden, låt snabbt koka upp med bubblor över hela ytan. Koka hårt i 1 minut under konstant omrörning. Avlägsna från värme; tillsätt pektin, smakextrakt och färg. Skumma.

c) Häll omedelbart i varma, sterila konservburkar till ¼ tum från toppen.

Förslut och bearbeta 5 minuter i kokande vattenbad.

Gör 9 eller 10 halvlitersburkar.

88. Blandad fruktgelé med flytande pektin

Ingredienser:

- 2 dl tranbärsjuice
- 2 dl kvittensaft
- 1 kopp äppeljuice
- 7 ½ koppar socker
- ½ flaska flytande pektin

Vägbeskrivning:

a) För att förbereda frukt. Sortera och tvätta helt mogna tranbär. Tillsätt vatten, täck över och låt koka upp på hög värme. Sänk värmen och låt sjuda i 20 minuter. Extrahera juice.

b) Sortera och tvätta kvitten. Ta bort stjälk- och blomändar; klippa eller kärna inte. Skiva mycket tunt eller skär i små bitar. Tillsätt vatten, täck över och låt koka upp på hög värme. Sänk värmen och låt sjuda i 25 minuter. Extrahera juice.

c) Sortera och tvätta äpplen. Ta bort stjälk- och blomändar; klippa eller kärna inte. Skär till små bitar. Tillsätt vatten, täck över och låt koka upp på hög värme. Sänk värmen och låt sjuda i 20 minuter. Extrahera juice.

d) För att göra gelé. Mät upp juice i en vattenkokare. Rör ner socker. Sätt på hög värme och under konstant omrörning, låt snabbt koka till en full, rullande koka som inte går att röra ner.

e) Tillsätt pektin och återgå till en full, rullande koka. Koka hårt i 1 minut.

f) Avlägsna från värme; skumma av skum snabbt. Häll omedelbart gelé i varma, sterila burkar till $\frac{1}{4}$ tum från toppen. Förslut och bearbeta 5 minuter i ett kokande vattenbad.

Gör nio eller tio 8-ounce burkar.

89. Apelsingelé

Ingredienser:

- 3 ¼ koppar socker
- 1 kopp vatten
- 3 matskedar citronsaft ½ flaska flytande pektin
- En 6-ounce burk (¾ kopp) fryst koncentrerad apelsinjuice

Vägbeskrivning:

a) Rör ner sockret i vattnet. Sätt på hög värme och under konstant omrörning, låt snabbt koka upp till en full, rullande koka som inte går att röra ner.

b) Tillsätt citronsaft. Koka hårt i 1 minut.

c) Avlägsna från värme. Rör i pektin. Tillsätt tinad koncentrerad apelsinjuice och blanda väl.

d) Häll omedelbart gelé i varma, sterila burkar till ¼ tum från toppen. Förslut och bearbeta 5 minuter i ett kokande vattenbad.

Gör 4 eller 5 halvlitersburkar.

90. Kryddad apelsingelé

Ingredienser:

- 2 dl apelsinjuice
- 1/3 kopp citronsaft
- 2/3 kopp vatten
- 1 paket pektinpulver
- 2 msk apelsinskal, hackat
- 1 tsk hel kryddpeppar
- ½ tesked hela kryddnejlika
- 4 kanelstänger, 2 tum långa
- 3½ dl socker

Vägbeskrivning:

a) Blanda apelsinjuice, citronsaft och vatten i en stor kastrull.

b) Rör i pektin.

c) Lägg apelsinskal, kryddpeppar, kryddnejlika och kanelstänger löst i ett rent vitt tyg, knyt med ett snöre och tillsätt fruktblandningen.

d) Sätt på hög värme och under konstant omrörning, låt snabbt koka upp till en full, rullande koka som inte går att röra ner.

e) Tillsätt socker, fortsätt att röra och värm igen till en full, rullande koka. Koka hårt i 1 minut.

f) Avlägsna från värme. Ta bort kryddpåsen och skumma snabbt bort skummet. Häll omedelbart gelé i varma, sterila burkar till ¼ tum från toppen. Förslut och bearbeta 5 minuter i ett kokande vattenbad.

Gör 4 halvlitersburkar.

91. Apelsinmarmelad

Ingredienser:

- ¾ kopp grapefruktskal (½ grapefrukt)
- ¾ kopp apelsinskal (1 apelsin)
- 13/ dl citronskal (1 citron)
- 1 liter kallt vatten
- Fruktkött av 1 grapefrukt
- Fruktkött av 4 medelstora apelsiner
- 2 dl citronsaft
- 2 dl kokande vatten
- 3 koppar socker

Vägbeskrivning:

a) För att förbereda frukt. Tvätta och skala frukt. Skär skalet i tunna strimlor. Tillsätt kallt vatten och låt sjuda i en täckt kastrull tills de är mjuka (ca 30 minuter). Dränera.

b) Ta bort frön och hinnor från skalad frukt. Skär frukten i små bitar.

c) För att göra marmelad. Tillsätt kokande vatten till skalet och frukten. Tillsätt socker och koka snabbt till 9 °F över vattnets kokpunkt (cirka 20 minuter), rör om ofta. Avlägsna från värme; skumma.

d) Häll omedelbart i varma, sterila konservburkar till $\frac{1}{4}$ tum från toppen. Förslut och bearbeta 5 minuter i kokande vattenbad.

Gör 3 eller 4 halvlitersburkar.

92. Aprikos-apelsinkonserver

Ingredienser:

- 3 ½ dl hackade avrunna aprikoser
- 1 ½ dl apelsinjuice
- Skal av ½ apelsin, strimlad
- 2 msk citronsaft
- 3 ¼ koppar socker
- ½ dl hackade nötter

Vägbeskrivning:

a) För att förbereda torkade aprikoser. Koka aprikoser utan lock i 3 dl vatten tills de är mjuka (cirka 20 minuter); låt rinna av och hacka.

b) Att bevara. Blanda alla ingredienser utom nötter. Koka till 9 °F över vattnets kokpunkt eller tills det är tjockt, rör hela tiden. Lägg till nötter; blanda väl. Avlägsna från värme; skumma.

c) Häll omedelbart i varma, sterila konservburkar till ¼ tum från toppen.

Förslut och bearbeta 5 minuter i kokande vattenbad.

Gör ca 5 halvlitersburkar.

93. Persikosylt med pektinpulver

Ingredienser:

- 3 ¾ koppar krossade persikor
- ½ dl citronsaft
- 1 paket pektinpulver
- 5 koppar socker

Vägbeskrivning:

a) För att förbereda frukt. Sortera och tvätta helt mogna persikor. Ta bort stjälkar, skinn och gropar. Krossa persikor.

b) Att göra sylt. Mät upp krossade persikor i en vattenkokare. Tillsätt citronsaft och pektin; blanda väl. Sätt på hög värme och rör hela tiden, låt snabbt koka upp med bubblor över hela ytan.

c) Tillsätt socker, fortsätt att röra och värm igen till en full, bubblande koka. Koka hårt i 1 minut under konstant omrörning. Avlägsna från värme; skumma.

d) Häll omedelbart i varma, sterila konservburkar till ¼ tum från toppen.

Förslut och bearbeta 5 minuter i kokande vattenbad.

Gör ca 6 halvlitersburkar.

94. Kryddad blåbär-persikasylt

Ingredienser:

- 4 koppar hackade eller malda persikor
- 4 dl blåbär
- 2 msk citronsaft
- ½ kopp vatten
- 5 ½ dl socker
- ½ tsk salt
- 1 st kanelstång
- ½ tsk hela kryddnejlika
- ¼ tesked hel kryddpeppar

Vägbeskrivning:

a) För att förbereda frukt. Sortera och tvätta helt mogna persikor; skala och ta bort gropar. Hacka eller mal persikor.

b) Sortera, tvätta och ta bort eventuella stjälkar från färska blåbär.

c) Tina frysta bär.

d) Att göra sylt. Mät frukter i en vattenkokare; tillsätt citronsaft och vatten. Täck över, låt koka upp och låt sjuda i 10 minuter, rör om då och då.

e) Tillsätt socker och salt; blanda väl. Tillsätt kryddor bundna i ostduk. Koka snabbt, under konstant omrörning, till 9 °F över vattnets kokpunkt, eller tills blandningen tjocknar.

f) Häll omedelbart i varma, sterila konservburkar till $\frac{1}{4}$ tum från toppen. Förslut och bearbeta 5 minuter i kokande vattenbad.

Ger 6 eller 7 halvlitersburkar.

95. Persika-apelsinmarmelad

Ingredienser:

- 5 dl hackade eller malda persikor
- 1 dl hackade eller malda apelsiner

Vägbeskrivning:

a) Skal av 1 apelsin, strimlad 2 msk citronsaft 6 dl socker

b) För att förbereda frukt. Sortera och tvätta helt mogna persikor. Hacka eller mal persikorna.

c) Ta bort skal, vit del och frön från apelsiner.

d) Hacka eller mal fruktköttet.

e) För att göra marmelad. Mät upp den förberedda frukten i en vattenkokare. Tillsätt resterande ingredienser och rör om väl. Koka snabbt, under konstant omrörning till 9 °F över vattnets kokpunkt, eller tills blandningen tjocknar. Avlägsna från värme; skumma.

f) Häll omedelbart i varma, sterila konservburkar till ¼ tum från toppen. Förslut och bearbeta 5 minuter i kokande vattenbad.

Ger 6 eller 7 halvlitersburkar.

96. Ananassylt med flytande pektin

Ingredienser:

- En 20-ounce burk krossad ananas
- 3 matskedar citronsaft
- 3 ¼ koppar socker
- ½ flaska flytande pektin

Vägbeskrivning:

a) Blanda ananas och citronsaft i en vattenkokare. Tillsätt socker och rör om väl. Sätt på hög värme och rör hela tiden, låt snabbt koka upp med bubblor över hela ytan.

b) Koka hårt i 1 minut under konstant omrörning.

c) Avlägsna från värme; rör i pektin. Skumma.

d) Låt stå i 5 minuter.

e) Häll omedelbart i varma, sterila konservburkar till ¼ tum från toppen.

f) Förslut och bearbeta 5 minuter i kokande vattenbad.

Gör 4 eller 5 halvlitersburkar.

97. Plommongelé med flytande pektin

Ingredienser:

- 4 dl plommonjuice
- 7 ½ koppar socker
- ½ flaska flytande pektin

Vägbeskrivning:

a) För att förbereda juice. Sortera och tvätta helt mogna plommon och skär i bitar; inte skala eller grop. Krossa frukt, tillsätt vatten, täck över och koka upp på hög värme. Sänk värmen och låt sjuda i 10 minuter. Extrahera juice.

b) För att göra gelé. Mät upp juice i en vattenkokare. Rör ner socker. Sätt på hög värme och under konstant omrörning, låt snabbt koka till en full, rullande koka som inte går att röra ner.

c) Tillsätt pektin; koka upp igen till full, rullande. Koka hårt 1 minut.

d) Avlägsna från värme; skumma av skum snabbt. Häll omedelbart gelé i varma, sterila burkar till ¼ tum från toppen. Förslut och bearbeta 5 minuter i ett kokande vattenbad.

Gör 7 eller 8 halvlitersburkar.

98. Quince Jelly utan tillsatt pektin

Ingredienser:

- 3 ¾ dl kvittensaft
- 1/3 kopp citronsaft
- 3 koppar socker

Vägbeskrivning:

a) För att förbereda juice. Välj en andel av cirka en fjärdedel undermoget kvitten och tre fjärdedelar helt mogen frukt. Sortera, tvätta och ta bort stjälkar och blomändar; klippa eller kärna inte. Skiva kvitten mycket tunt eller skär i små bitar.

b) Tillsätt vatten, täck över och låt koka upp på hög värme. Sänk värmen och låt sjuda i 25 minuter. Extrahera juice.

c) För att göra gelé. Mät upp kvittensaften i en vattenkokare. Tillsätt citronsaft och socker. Blanda väl. Koka över hög värme till 8 °F över kokpunkten för vatten, eller tills geléblandningen bildar ett ark av en sked.

d) Avlägsna från värme; skumma av skum snabbt. Häll omedelbart gelé i varma, sterila burkar till ¼ tum från toppen. Förslut och bearbeta 5 minuter i ett kokande vattenbad.

Gör cirka fyra 8-ounce burkar.

99. Jordgubbssylt med pektinpulver

Ingredienser:

- 5 ½ dl krossade jordgubbar
- 1 paket pektinpulver
- 8 koppar socker

Vägbeskrivning:

a) För att förbereda frukt. Sortera och tvätta helt mogna jordgubbar; ta bort stjälkar och lock. Krossa bär.

b) Att göra sylt. Mät upp krossade jordgubbar i en vattenkokare. Tillsätt pektin och rör om väl. Sätt på hög värme och under konstant omrörning, låt snabbt koka upp med bubblor över hela ytan.

c) Tillsätt socker, fortsätt att röra och värm igen till en full, bubblande koka. Koka hårt i 1 minut under konstant omrörning. Avlägsna från värme; skumma.

d) Häll omedelbart i varma, sterila konservburkar till ¼ tum från toppen.

Förslut och bearbeta 5 minuter i kokande vattenbad.

Gör 9 eller 10 halvlitersburkar.

100. Tutti-Frutti Jam

Ingredienser:

- 3 dl hackade eller malda päron
- 1 stor apelsin
- $\frac{3}{4}$ kopp avrunnen krossad ananas
- $\frac{1}{4}$ kopp hackade maraschino körsbär
- $\frac{1}{4}$ kopp citronsaft
- 1 paket pektinpulver
- 5 koppar socker

Vägbeskrivning:

a) För att förbereda frukt. Sortera och tvätta mogna päron; pare och core. Hacka eller mal päronen. Skala apelsinen, ta bort kärnorna och hacka eller mal fruktköttet.

b) Att göra sylt. Mät upp hackade päron i en vattenkokare. Tillsätt apelsin, ananas, körsbär och citronsaft. Rör i pektin.

c) Sätt på hög värme och under konstant omrörning, låt snabbt koka upp med bubblor över hela ytan.

d) Tillsätt socker, fortsätt att röra och värm igen till en full bubblande koka. Koka hårt i 1 minut under konstant omrörning. Avlägsna från värme; skumma.

e) Häll omedelbart i varma, sterila konservburkar till $\frac{1}{4}$ tum från toppen. Förslut och bearbeta 5 minuter i kokande vattenbad.

Ger 6 eller 7 halvlitersburkar.

SLUTSATS

Den här kokboken innehåller många nya forskningsbaserade rekommendationer för att konservera säkrare mat med bättre kvalitet hemma. Det är en ovärderlig resursbok för personer som konserverar mat för första gången. Erfarna konservfabrikanter hittar uppdaterad information som hjälper dem att förbättra sina konserveringsmetoder.

www.ingramcontent.com/pod-product-compliance
Lightning Source LLC
Chambersburg PA
CBHW070502120526
44590CB00013B/726